拉下
百叶窗的
午后

Afternoons
with the
Blinds Drawn
-
Brett
Anderson

[英]布雷特·安德森————著

王知夏————译

北京联合出版公司
Beijing United Publishing Co.,Ltd.

献给我的家人

安德森先生与我

　　安德森先生是一个不苟言笑的人，严肃的表情拒人于千里之外，咄咄逼人的眼神如同杀手一样令人望而止步，他身上散发着英国绅士独特的高贵气质，充满神秘感，让人捉摸不透。甚少说话的安德森先生曾和我有过几次谈话，令我终生难忘。

　　有时候，我觉得和某人或某事的相遇是一种命运的安排。1999年，我和山羊皮乐队的相遇就像是有一股神秘的力量。于我而言，那是神奇的一年，不仅仅是一个世纪的终结，更是一个时代的开始，无法想象在那一年我居然看了五场山羊皮的音乐会。

　　那年6月，我开启了自己的欧洲音乐节之旅，第一站是瑞典的胡尔茨弗雷德音乐节（Hultsfred Festival），当年的阵容现在看来还是会令人兴奋不已，而排在第一位的就是正处于事业顶峰的山羊皮，经历了九十年代前半段的起起伏伏，1996年的专辑《来了》（Coming Up）让他们走出了毒品与乐队解散的阴霾，俊朗的形象、朗朗上口的旋律、颓废的歌词，很快就得到乐迷的共鸣，使他们一跃成为乐坛最炙手可热的英国流行乐队，终于压过了此前在英伦摇滚运动中表现最突出的模糊乐队（Blur）和绿洲乐队（Oasis）。布雷特在自己的这本回忆录里也详细追忆了这段经历。

音乐节的第三天晚上，山羊皮乐队在主舞台压轴出演，演出开始前，舞台上挂着一块巨大的幕布，充满了神秘感。每一支伟大的摇滚乐队都会经历起起落落，当你亲身经历其现场音乐会时，并不知道会在乐队的哪个阶段和他们相遇，我就是带着这种既期待又担心的心情站在高大的北欧观众中间。突然音乐响起，观众开始出现骚动，音响里传来的居然是熟悉的拉赫玛尼诺夫的第二钢琴协奏曲的华彩部分，紧接着震耳欲聋的鼓声开始响起，舞台上巨大的幕布就好像是被人一把扯下来一样，乐队的成员出现在舞台上，穿着黑色T恤衫的安德森从侧面走上舞台，短发形象非常精干，动作就像詹姆斯·邦德一样矫健，台下的观众开始疯狂，我也被后面的观众往前推挤着，感受着摇滚的热浪。舞台上的安德森和我想象的完全不一样，他身上充满了阳刚之气，从里向外散发着王者气息，征服了现场的每一位观众。让我印象最深的是布雷特一上场向观众问候，不知什么原因麦克风没有声音，他用力把麦克风扔在了地上，这时舞台工作人员迅速从后面递给他一支新的，他接过来正好唱出第一句歌词。整场演出非常紧凑，一首接着一首，是我看过的最棒的摇滚乐现场。安德森在每首歌结束时都会大声而有力地说"Thank you!"（谢谢！），充满了英国绅士式礼貌，和美国摇滚明星的满嘴粗话形成鲜明对比。

歌迷们在看自己喜欢的乐队现场演出时，常常会希望乐队演唱过去专辑中的歌曲，对新歌往往没有感觉，而这次却完全不同，观众对乐队的新歌也反应强烈，这是我第一次在现场听到《头脑音乐》（*Head Music*）专辑中的歌曲，也是我第一次在听完现场之后就有立刻去买新专辑的欲望。音乐会的结尾是新专辑里的《她很时髦》（*She's In Fashion*），布雷特最后不停地重复一句副歌 "Sunshine will blow my mind and the wind blow my brain"（阳光洒落，清风吹拂，我心旌摇曳）。乐队的伴奏相继都停下来了，最后就剩下西蒙（Simon）的鼓，布雷特双手高高举过头顶跟着节奏拍手，全场上万名观众一起拍手并跟着一起唱，一遍遍地重复，好像永远也不会停止，直到布雷特说 "See you later, you've been great, cheers."（再见，你们很棒，再会了。），走下舞台，观众还在望着空空的舞台尖叫。那一句 "Sunshine will blow my mind and the wind blow my brain." 永远地留在了每一位观众的脑海里。

　　瑞典之后的下一站是丹麦的罗斯基勒音乐节（Roskilde Festival），那是欧洲最大的户外摇滚音乐节。当年的主打阵容中也有山羊皮，而且是连续三天在三个不同的舞台表演，这个安排真是前无古人后无来者，可以想象当年山羊皮乐队在欧洲的受欢迎程度。

　　我第一次去罗斯基勒音乐节是在1996年，之后几乎每年都会去朝圣。我找丹麦广播电台的老朋友扬（Jan）帮我申请了后台采访证，决定去采访安德森。来到第一天山羊皮乐队表演的绿色舞台（Green Stage）的后台，我看到罗比·威廉姆斯（Robbie Williams）一个人在草坪上寂寞地踢足球，虽然他是超级人气偶像，但是在摇滚音乐节上并不招人待见。我找到山羊皮的休息室，旁边是安慰剂乐队（Placebo）的房间，我不太敢去冒昧敲门，于是在门口等着，这时候从房间里走出一个高个子，我把他当成了乐队的经纪人，于是上前自我介绍说我来自中国，希望能够采访安德森。大个子说他去叫经纪人出来，并介绍自己是乐的贝司手马特（Mat），虽然看过乐队的照片也看过他们的现场演出，但因为马特总是站在乐队的后面，还真想象不到乐队里有这么高个子的贝司手，这让我有点尴尬。乐队的经纪人查理礼貌地请我在后台等候，等演出结束以后再做采访。观众席里海浪一样的欢呼声传到后台，隔壁安慰剂的两位成员布莱恩（Brian）和斯蒂芬（Stefan）兴奋而又紧张地等待在山羊皮之后演出，当浑身衣服被汗水湿透的安德森从后台走下来时，安慰剂乐队的主唱布莱恩立刻冲上前去，满是崇拜之情，就像小弟对大哥一样说："You're so great！"（你太棒了！）安德森理都没理他，直接冲进了休息室。

安德森和我从杂志上认识的完全是两个人，他的脸上没有了当年杂志照片上的阴柔气质，岁月带来的沧桑感反而为他增加了几分成熟男人的魅力。我从来没有面对过如此严肃的被访者，安德森毫无笑容的表情似乎在告诉我，你问的每个问题的答案都是"NO"（不）。我突然不知道问些什么，于是就问他是否可以跟中国的观众打个招呼，他对着我的麦克风说："Hello China, this is Brett from Suede, you are listening to *New Rock Magazine*, this song from our new album *Head Music* is called *Savoir Faire*."（你好中国，我是山羊皮乐队的布雷特，你正在收听的是《新摇滚杂志》，这首歌是我们新专辑《头脑音乐》中的《随机应变》。)

　　简短的采访结束后，我向他致谢，并表示希望他有机会来中国演出，还请他在我的后台记者证上签了名。走出休息室以后，高个子的马特跟了出来，告诉我他正计划在巡演之后去中国旅游，我们约定在北京见。一个月后，在八月一个炎热的中午，我接到马特从香格里拉饭店打来的电话，之后邀请他和他漂亮的苏格兰模特女友一起到有着中式传统风格的日坛饭庄吃晚饭，坐在后院露天的中式假山和亭子旁边，我们开心地聊着他来北京的各种见闻。当时我们怎么也不会想到，四年之后，整个乐队会来到北京，并且就在日坛饭庄举办了他们的新闻发布会。

　　我曾经在香港的一本音乐杂志上读到一篇关于山羊皮香港演唱会的文章，当时的演出场地伊丽莎白体育馆座位有限，很多买不到票的歌迷只能等在门外，乐队听说后决定第二天为没有买到票的乐迷加演一场，我看后深受感动，心想，这样的乐队是值得尊重的，如果有机会，一定要让他们来北京为中国内地的乐迷演一场。

　　2002年，我第二次去瑞典的胡尔茨弗雷德音乐节，在后台又见到了山羊皮乐队和他们的经纪人查理，他们看到我都很吃惊，像老朋友一样和我打着招呼。我跟查理说，中国内地有很多你们的忠实乐迷，他们渴望看到你们的现场，查理答应我等时机合适时会发邮件给我。

　　几个月后，我收到查理的邮件，得知山羊皮乐队年底将开始他们的亚洲巡演，乐队想来北京演出，日期是2003年2月3日。

看到邮件后，我非常兴奋，同时又很紧张，不知道怎样来把这场演出呈现给大家。

那年冬天特别冷，黑夜中我一个人开车在空无一人的长安街上飞驰，双手紧紧地握着方向盘，望向前方，感到无助和沮丧。几天前我还沉浸在突如其来的兴奋中，没想到现实的打击如此残酷，本来寄希望于一家做主办的演出公司，对方经过一番市场调查，回话说这支乐队在中国没有市场，没有人听说过他们，而且2月3日正好是大年初三，北京基本上是一座空城，这时候举办演出无异于自寻死路。我不甘心就这样轻易放弃这个把我喜爱的乐队带来中国的机会，我在北京音乐台介绍了十年的摇滚乐，梦想就是能够把我在节目里介绍的乐队都带到中国内地来，让所有听我节目的孩子们看到真正的摇滚乐现场。我曾经问布雷特，他看过的第一场摇滚音乐会是什么，他告诉我是他十几岁的时候在布莱顿看的新秩序乐团（New Order），从那时起他就想成为一名摇滚歌手。我坚信，那些看了山羊皮演出的孩子中一定会诞生未来的中国摇滚音乐人，或者有一天他们回忆起人生中最难忘的第一场摇滚乐演出会是山羊皮。对我来说这仿佛是一个使命，无论多么艰难都要实现。

虽然困难重重，但我仍对山羊皮的经纪人查理保守着秘密，我不能说中国内地没有人认识你们，也不能说中国的春节没有人看演唱会。而不久后乐队发过来的设备清单让我更加绝望，山羊皮需要两只VOX 5吉他音箱，而那时候的北京，连一只VOX音箱都很难找到。我开始到处打听，有人说全北京只有一个人有

VOX 音箱，就是常宽，于是我赶到常宽家，跟他说明来意，常宽也是山羊皮的乐迷，非常想为演出尽些力，但是山羊皮要的音箱是 VOX 5，而常宽家里的是 VOX 1，而且只有一只。于是常宽又把他在香港通利琴行的关系介绍给我，但是被琴行以运费昂贵的理由回绝了。虽然问题没有解决，但常宽却是在我最走投无路时唯一支持我、给我信心的人，在我跟他提起山羊皮来北京演出时他会兴奋得两眼放光，这让我非常感激。我跟常宽提到没有主办单位接这场演出，想找几个像他一样喜爱山羊皮的朋友一起出钱办，常宽忽然想起了小沈，沈黎晖。那时候，常宽签约在沈黎晖的公司摩登天空，和他比较熟，他觉得沈黎晖肯定有兴趣。我怎么没想到沈黎晖呢？！我跟他那么熟，居然没有想到这位全中国最有英伦情结的摇滚乐队主唱和唱片公司老板，于是我连夜从位于亚运村的常宽家赶到花园村一座居民楼的地下室，摩登天空（英国）有限公司的总部，我跟沈黎晖一说我的来意，他立刻兴奋地说这个演出我们必须做啊，但问题是当时公司的资金并不充裕，他灵机一动建议我去问问老沈。老沈是竹书文化的老板沈永革，而竹书文化是当年流行乐坛如日中天的公司。我和老沈也认识很久了，他在日本生活和工作的经历让他对音乐的认知具有国际视野，所以当我和小沈出现在老沈办公室告诉他我们的来意时，老沈欣然应允。演唱会的事终于有了转机。

　　2003 年是羊年，是我、布雷特和马特三个人的本命年，再加上乐队的中文名字是山羊皮，又是一个羊，而演出的场地我选在很少有人知道、从来没有办过演唱会的朝阳体育馆，为什么是朝阳体育馆呢？除了它也有一个"yang"字以外，最重要的是它是一个羽毛球馆，和工体不同的是它的场地是长方形的，舞台搭在一头的话，场地可以站满观众，气氛更像我在国外看到的摇滚演唱会。

演出筹备阶段的工作充满挑战，但也紧张有序。我们招募义工去城市的每个角落贴海报，就像当年做摇滚 Party 时一样；我在北京音乐台的节目里宣传演唱会的消息，在直播间报出售票热线电话；位于金宝街的竹书文化的半地下办公室成了"山羊皮北京演唱会"的临时指挥部，工作人员每天都在焦急地等待着电话铃声；我和新裤子乐队的庞宽（当时他也为摩登天空做设计）在没有暖气和空调的摩登天空地下室设计演唱会的门票和海报，直到天亮。

2003 年没有大年三十，1 月 31 日是腊月二十九，山羊皮乐队和随行人员十几人从大阪飞抵北京首都国际机场，做义工的几位歌迷带着鲜花到机场去接机，我把乐队从机场送到丽都饭店的门口，心情非常复杂，几年前的梦想终于实现了，无论经历了多少艰辛和委屈，总算把山羊皮接到了北京，算是一个小小的成功。然而，后面还有更艰巨的不可知的困难在等着我：如何卖票？如何把体育馆坐满？如何让音响达到乐队的要求？一想到这些问题，我的心情就无比复杂。就在这个时候，布雷特好像看出了我的心事，沉默寡言的他站在丽都酒店的台阶上，对我说："Youdai, you are the Champion!"（有待，你是最棒的！）我当时差点儿没哭出来，同时心里又非常高兴，这是我近一个月以来最开心的时刻。我一个人开车离开酒店的时候，心里默默地重复着刚才布雷特对我说的那句话，觉得这对我来说是一种至高荣誉。

那天晚上，我新买的宝莱车上坐着全部山羊皮乐队的成员，副驾驶位置上坐着布雷特，后面坐着西蒙、理查德（Richard）和马特，居然还挤下了亚历克斯（Alex），我们行驶在空旷的三环路上，去我的台湾朋友杰克逊（Jackson）家中一起过年。那天晚上我们打麻将、玩牌，体验中国农历新年的气氛，午夜12点在他家20层的窗前看远处五环外鞭炮的火光。

距离演唱会的日期越来越近，没想到麻烦又出现了。2月3日早上，我接到经纪人查理从酒店打来的电话，说有重要的事情商量。我立刻飞奔到丽都饭店，发现布雷特发烧了，喉咙痛，不知道晚上能不能照常演出。可能是他前一天去登长城被风吹到了，乐队成员们都穿得单薄，哪里抵御得了塞外的北风。那天，布雷特头上从始至终裹着一条不知道哪里来的大围巾，拍出来的照片也非常诡异。他在房间里休息了一天，晚上上台前仍然在发烧。

而最大的麻烦还在后面。原来说好有场地票，而到了临开场前，有关管理部门说场地不许进观众，舞台前拦着一道绳子，空旷的场地中央摆着几排折叠椅，上面坐着的都是老年人和关系户，场面非常怪异。第一天演出的暖场乐队是竹书文化的年轻音乐人曲世聪，在他快要演完的时候，乐队的舞台总监彼得（Peter）把我叫到场地，指着舞台前面一大片空场说，十分钟后场地里如果还没有观众，山羊皮是不会上台的。这时候体育馆看台上的观众席已经黑压压地坐满了，我毫不犹豫地从场地右侧的小门上台阶跑进观众席，在黑暗中对坐在最外面的人说：告诉你后面的人都跟你来。之后我猫腰带着他从看台上走到了场地中间，也就是在曲世聪最后一首歌结束的时候，场地一侧通往看台的小门里冲出一大群歌迷，他们向舞台方向冲过去，冲倒了摆在舞台前面的折叠椅，冲破了舞台前面拦起来的绳子，这一拨之后，看台上的所有观众都跟着往下冲，有的观众干脆直接从看台上跳了下来。场地里的警察开始还想阻拦，但是歌迷就像潮水一样根本拦不住，很快场地里就站满了密密麻麻的观众。我看见红头发彼得带着乐队走上了舞台，终于一块石头落了地，赶紧跑到舞台旁边的休息室，开始北京音乐广播的全国卫星协作网的现场直播，这也是中国摇滚乐历史上首次向全国二十个城市现场直播演唱会。我气喘吁吁地站在转播室的大玻璃前，不敢相信自己的眼睛，这完全就是我在欧洲时看到的摇滚乐现场，现在终于在北京实现了。孩子们欢呼着、流着泪看着他们的偶像，当布雷特唱出第一首歌《美丽的输家》(*Beautiful Loser*) 时，我热泪盈眶，觉得那就是一首唱给我的歌，对我来说，没有成功与失败，我只觉得做了自己能做的一切。

　　演出结束后，一个公安民警到直播间问我，你就是张有待？我说是的，他说你知道吗，我现在就可以把你带走，我说我知道，他说你跟我走一趟吧，于是我跟着他走进了派出所，我觉得那是我一生中最光荣的时刻。

2021 年仲夏

目录

第一部分

我曾说过不会写的书

　　狭小的浴室里，掉漆的墙壁正在崩裂，石膏涂层被潮气侵蚀，墙皮片片剥落。一小块霉斑用灰白的真菌绣着精致的金银丝帛，犹如一片手绘的小森林，正沿着藏灯的凹槽蔓延。从墙上一扇模样狰狞的镶板窗户望出去，可以望见侧屋涂着密封胶的黑色屋顶，更远处有几排砖房，房子后面是一个个长满荒草的杂乱花园，里面堆满了生锈的旧自行车、滚筒烘干机和废弃的残破家具，俨然成了垃圾倾倒场。墙面的残漆上，受了潮、胡乱裁剪的图片被小片的蓝丁胶粘在一块一块的霉斑之间。破口的浅浴缸里，一只水龟在囚禁他的瓷釉曲面上来回打转，跳着一支沮丧的旋转舞。浴室的门开向一条没有光线的小走廊，走廊又向外连着一个天花板很高、边缘嵌着装饰线的房间——房内烛光旋转，火焰明灭，墙壁在摇曳的黑影里时隐时现。松动的落地窗在咔咔作响，越过锻铁阳台与诺丁山穆尔豪斯路的灰泥外墙隔空相望。厨房灯不时闪烁的微光映出了某个古怪夜行动物的身影，正在进行私密的夜间例行仪式。门楣上悬挂着形状怪异的玻璃珠；灰蓝色脏沙发旁的小边桌上，一丛变褐的洋蓟被遗忘在豁了口的瓷碗里，渐渐脱水。我们周围到处散落着半空的瓶子、撕开的里兹拉牌（Rizla）香烟盒和堆满烟头的烟灰缸。刚刚过去了一个漫长的夜晚，这一夜大部分时间我都和老朋友艾伦[1]在一起抽烟，兴奋地聊天，反复倒带，一遍又一遍地聆听《献给鸟儿》（*To The Birds*）的样带，直到最后这场仪式变成了走火入魔、停不下来的单曲循环，我们迷失在自己漫游的思绪里，隔壁的邻居们则发着牢骚，翻来覆去，用枕头捂住耳朵。世界在缓慢流转，我们的人生正在重组。在无聊的俗世之外，我们可以窥见一个不同的未来，希望与可能性在其中闪闪发光——怀着这种意识，我们连续数小时坐在这里，听着歌闲扯，握筹布画，憧憬明天，感觉到期望的绳索在我们之间牢牢打结。

于是我坐下来写这本我曾说过不会写的书，讲述我曾说过不想讲的故事。我猜该来的终究会来。除了一种想要被人倾听的幼稚需求，一种渴望向全世界讲述自己故事的自我炫耀式的冲动，我好奇还有什么动机牵着我这么做。无数个清晨，我躺在床上盯着天花板，反复思忖此事，我向自己保证，这一次我仍要尽力避免去写你我都读过太多次的书。摇滚乐队大多容易走上同一条老路，历经同样的艰苦跋涉，碰到同样的关卡，一切都在意料之中，就如同一只青蛙的生命周期早已由上天注定，所以乐队的

1　全名艾伦·费希尔（Alan Fisher），安德森在青年时代结识的好友。（本书注释均为译者注。）

传说总免不了蒙上一层宿命的氛围，尤其是最后一章的结局早已为人所知。因此，我在本书中要反其道而行，尝试从自己的亲身经历里提取一些要素，延伸开来以揭示更广阔的图景，并审视自己从奋斗到成功再到自我毁灭，最后回到原点的旅程。我将在叙事过程中探讨某些施加于我的作用力，如果可能，再顺便揭露一下有关那套机器的真相——它呼呼运转着，创造出人们在电台里听到的那些乐队，人们却往往看不见它的存在，尤其是正在被它塑造加工之人。这话听起来可能有点不自量力，然而我的故事早已被媒体过于勤恳地记录在案，显然无须用传统的形式再复述一遍，我只是试图以自己的方式宣告某种所有权，独家呈现这故事的第二部。值得注意的是，后见之明能借给你一双事发时与你无缘的慧眼。如今回望那段犹如疯狂过山车般的青葱岁月，我已能直视发生在自己身上的一切，就像在旁观别人的经历一样。然而彼时的我却彻底陷了进去，主观得难以置信，我的脸仿佛被人紧紧摁在玻璃上，离得太近以至于看不清任何真相。正因如此，本书将不会再续写第一部那本尘封蠹蛀、书页卷角的青春成长小说，相反，我要讲一个风格迥异的故事，钻研一下在我周围碾轧多年的齿轮机器，希望为自己也为他人解答几个问题，弄清那些年究竟发生了什么，又为什么发生。

就这样，时代一个趔趄，然后冲刺进入1990年代初期，山羊皮乐队从出租屋的残骸里闪亮登场，抖落庸常生活的鸡毛蒜皮，走出了启发我们早期歌曲的安静废墟之景。然而，前方等待我们的是有史以来最漫长的"一夜成名"。我曾有一次将我们的事业轨迹形容为"一架婴儿车被推下山坡",如今看来这个隐喻依然贴切。不知为何,我们的路一直都走得坎坷而失控,甚至略有点惊世骇俗。我想我们四个人就是坐在婴儿车里的"小孩",迎着扑面而来的烈风惊声尖叫,跌入滚滚车流。

当然了,在提速之前,我们还要在卡姆登地下世界(Camden Underworld)和伊斯林顿发电所(Islington Powerhaus)之类的地方度过许多个难挨的夜晚,站上一间又一间小酒吧内室的舞台,努力征服一拨又一拨嘟嘟囔囔的人群——与我们对峙的是黑压压一片抱着臂的看客,一帮阴沉可怕、牢不可破的黑色牛仔裤军团,一张张冷硬的面孔上分明写着"请打动我"四个字。然而一旦来到了加速的临界点,我们的感觉就好像是终于能放任自流,委身于裹挟着我们前进的必然之势——那股让人战栗的浪潮已然发展得比我们更加壮大。我并不是指有某个"运动"正在形成,因为事实就是没有,我们依然在孤军奋战,若要说我们是某种前锋,那也只是一人之队的前锋。这些年来,音乐史以其一贯肆无忌惮的方式微妙地改写了自己,以使过去的记录符合当下的真理。想当初,我们脚蹬破了洞的鞋,顶着一头染坏了的乱发,身上散发着碧缇丝(Batiste)免洗喷雾的气味混合死人衣服[1]的甜腻麝香味,辗转于各个舞台,一砖一瓦地搭建起所有乐队成就大业都必不可少的脆弱根基:歌迷基础。社交媒体要等到多年以后

1　泛指廉价的二手服饰,以前的二手慈善商店会回收去世之人的衣服,消毒去味后低价贩卖,故有此代称。

才会出现，在那个"口碑"一词完全停留在其字面意义的时代，"成名"的唯一途径就是去现场，用你汗漉漉的肉体去挤压前排观众，去感受那一双双油腻、湿黏手掌的蠕动，接着是针对你磨破的灯芯绒裤子臀部的舞台报道。当我们开始谨慎地将网撒向伦敦之外后，生平第一次，我们乘着租来的米白色福特全顺（Ford Transits）隆隆奔驰在高速公路上，向着坦布里奇韦尔斯轰隆俱乐部（Tunbridge Wells Rumble Club）和布莱顿快攻（Brighton Zap）等目的地前进。那段日子，旅行无论多么卑屈或乏味，都是件新鲜事，所以在路上颠簸的感觉犹如一场奇妙的冒险：抽着丝卡（Silk Cut）香烟，吃着加油站三明治，我们的朋友查理·查尔顿（Charlie Charlton）载着我们沿 M23 号高速公路一路飞驰。我们常常在那小货车的后车厢里放一块发了霉的旧垫子，去的时候，我们坐在上面兴奋地叽叽喳喳，回来路上，我们则抱着廉价红酒喝到断片；只有马特[1]会坐在前面，在查理身边吞云吐雾，努力让他保持清醒。对于二十多岁的年轻人来说，玩乐队很刺激，感觉很男人，又像是在混帮派。在那段醉人的日子里，演出还未因无休止的重复丧失乐趣，乐队给了我们一种强有力的归属感，这种归属感恰恰来源于"与众不同"这个定义本身，就好像你因此逃脱了凡俗，成了一群漏网之鱼。我们沿着环形公路穿梭在卫星城镇[2]之间，靠沃克斯（Walkers）薯片和尼古丁度日，完成一场接

1　山羊皮乐队贝斯手马特·奥斯曼（Mat Osman）。

2　位于大城市外围周边的小城市，因这些小城市在地理空间上的分布与太空中的卫星围绕某个中心点的分布相类似，故称其为卫星城。

一场的试音，与此同时，轻微的热度开始积聚。

在巡演的间歇，裸体唱片公司（Nude Records）的索尔[1]给我们预订了北伦敦的协议录音室（Protocol Studios），并找来一位名叫艾德·布勒（Ed Buller）的制作人，为我们录制第一张正式EP（迷你专辑）。我们计划做一张双A面（double A- side）EP：两首A面主打歌曲分别为《溺水者们》（*The Drowners*）和《献给鸟儿》，附加一首《我无法满足的一个》（*My Insatiable One*）。艾德听过我们几首小样，觉得很喜欢，然后过来看了我们的现场演出，并恰到好处地夸了我们一番，将我们做的音乐与他从小听到大的那些广受爱戴的1970年代摇滚众神相提并论。他是旧学院派出身的制作人，很热血，一根筋，形象也很怪诞，喜欢用紧身的黑西装包裹自己，外披长大衣、系着围巾在控制室里大踏步地走来走去、高谈阔论，活像卡通画里的疯狂作曲家，或是下一任的"神秘博士"[2]。在录音期间，他就像一位热情慈爱的长辈，一步步引导我们，打磨我们，带领我们进入了录音室这个陌生的游乐场。他很爱讲些让人捧腹的八卦逸事和圈内笑话，调剂了我们的日常，也将所有人牢牢地凝聚在一起，为我们日后延续数十年的关系奠定了基础。制作人扮演的角色多种多样、因人而异，艾德的长项则在于擅长与人打交道，尤其擅长激励与他合作的乐队。他属于那种能给你安全感的人，让人感觉很稳。我一直觉得

1　Saul Galpern，裸体唱片的创始人，也是山羊皮乐队的伯乐和经纪人。

2　BBC（英国广播公司）长寿科幻剧集《神秘博士》（*Doctor Who*）中的主人公，可以不断重生成外貌性格迥异的新一任博士，每任博士都换新的演员来扮演。

与山羊皮的合作对他而言不只是工作关系，想必他也知道，我们把他视为山羊皮这个奇特小家庭的一员——如果说我们是几个迷途的孩子，那他就是一位稳重的父亲。他懂得如何将我们团结起来，鞭策我们行动，因为他了解我们到底有多大的弹性，能适可而止地将我们逼至濒临断裂的极限，从而引领我们完成日后定义了山羊皮的作品。在他手中，我们的音乐被提炼出更多的1970年代摇滚元素，我想这也影响了后来音乐媒体对我们的认知。换成其他制作人，可能会更偏重我们通过现场演出磨炼出的更本质、侵略性的一面，那样一来，我们兴许会被打造成更加"另类"（alternative）的乐队。不过对于艾德的决策，我们还是非常配合的，因为当时的我们狂热地怀着一种不失高尚的使命感，立志做出突破地下摇滚狭隘边界的音乐。年轻使我们狂妄自大，无论如何也要跟同时代那帮不入流的乌合之众划清界限。

　　可能有些读者不了解或是忘记了山羊皮出道时的大环境，我觉得有必要提一下。哪怕说当时的另类音乐已经跌入谷底，我想也不为过。石玫瑰乐队（the Stone Roses）无限期停止演出，"盯鞋运动"[1]也走到了死胡同，因此出现了一个真空，一群乌七八糟的蹩脚乐队就这样被吸了进来——他们爱穿短裤，唱歌像门外汉，只会标榜自己无聊的地下身份和中二的政治观，不值一看，毫无抱负，也早就被人遗忘了。我知道这么说恐怕会让路人觉得

1　shoe-gazing movement，1980 年代后期兴起的另类摇滚乐流派，以耶稣与玛丽项链（The Jesus and Mary Chain）和我的血腥情人节（My Bloody Valentine）等乐队为代表。其音乐特点是大量的乐器失真和回授效果，主唱的歌声被吉他音墙淹没，现场演出时乐手常常背对观众或盯着地板，故称"盯鞋"。

我既刻薄又可恶，我的看法可能也有点过于主观，但那时候的状况给人的感觉就好像是荣誉感在驱使着我们去取而代之，而他们的存在也为我们树立了一个需要去反抗的偶像。每一代新乐队都会贬低上一代的前辈，且从某种俄狄浦斯式的意义上来说，新乐队的责任就是要消灭旧乐队。必须经过"弑父"这一行为，他们才能抽离出来，获得自我定义，就像曾被流行乐唱到深入人心的世代冲突主题的一个缩影——死亡与重生，两者是不间断的连续统一体。至于我们，我们想要上述乐队不具备的一切：脆弱、活力、野心、超群，于是我们将这份宣言里的所有信条都贯彻在《溺水者们》EP收录的三首歌里。我们拿到的预算很少，这意味着只够完成很基本的录音流程。尽管怀有雄心壮志，我们毕竟是一支年轻的乐队，艾德明白他必须捕捉到年轻人未经雕琢的原始悸动，所以《溺水者们》最终并没有太偏离我们现场演绎的版本，只是多了几处人声和吉他的原带加录[1]、一把大提琴以及几个邦戈鼓伴奏。不过我认为艾德这几手处理非常英明，带出了此曲的抑扬顿挫，也让它成为我心目中山羊皮音响效果最佳的录音室歌曲之一。《献给鸟儿》有点受累于我们的天真——第一次进录音室的乐队都会犯的典型毛病。在这首歌里，我们抵不住诱惑，加入了有序变调的吉他循环[2]，破坏了它本应有的浑然天成之感。至于《我无法满足的一个》，说起来其实有点马后炮。一开始我们并没有把它当回事，直到唱片发行后它开始在媒体上获得关

---

1 overdub，录音的一种后期处理方法，指在原来录好的样带上再叠加另外录制的音轨。

2 guitar loop，一种吉他效果器，可将录入的一段吉他乐句循环输出。

注，并被莫里西[1]翻唱之后，我们才后知后觉地意识到它的可贵。其实我早就知道莫里西去过我们早期的几场演出现场，甚至还有小道消息说曾看到他出现在卡姆登宫俱乐部（Camden Palace）的观众后排，在我们登台演出时拿着笔在一本便笺簿上草草记着什么。很难说他是不是在记那首歌的歌词，但不管怎样，有一天当我在波特贝罗市场[2]一带闲逛，一位卖私录卡带的摊主不声不响靠了过来，将一盘录自莫里西一场瑞士演唱会的磁带塞进我汗湿的手心，我还是禁不住大吃一惊。回到公寓以后，我听了他唱的这首歌，一时间感觉难以言喻。我记得他的版本好像去掉了原歌词里的脏词，另外，他的乐队显然没能破解原曲的降E调降调调弦法[3]，即便如此，听到那把陪伴我度过少年时代的嗓子反过来将我写的歌词唱给我听，对我而言无疑像是施了一道魔法。更重要的是，我早年的音乐偶像在我心目中不仅仅是一帮做音乐的人，他们对我的意义远超于此。他们不仅帮助我在人生路上找到方向，还影响了我的政治观，指导我的着装打扮，甚至还告诫我什么东西不能吃。所以在听到我的作品被我的偶像之一真真切切、明明白白唱出口的那一刻，我的感觉妙不可言，但又有些许困惑，就好像看见老师最终被他的学生超越了一样。我还记得在一个午后，穆尔豪斯路下着蒙蒙细雨，我躺在发霉的紫色床单上

1　史蒂文·帕特里克·莫里西（Steven Patrick Morrissey），通常简称莫里西，1980 年代英国另类摇滚领军乐队史密斯乐团（The Smiths）的主唱。

2　Portobello Market，位于英国伦敦诺丁山的著名露天市集，沿街有许多摊贩摆摊卖各种古董、二手物品和自制手工艺品等。

3　E-flat drop-tuning，把吉他第六弦（最粗的那根弦）标准调弦的 E 音调成降 E 音的一种比较少见的吉他调弦法。

聆听那首歌，沉溺在一种胜利与伤感交织的异样情绪里。事后看来，把《我无法满足的一个》降格为 B 面曲开了一个坏头，接下来我们还将做出接二连三的误判，将许多经典歌曲流放到无人问津的唱片背面，不仅埋没了歌曲本身，还间接导致专辑因它们的缺席而失色。但话说回来，我们也有自己的考虑，有意要大材小用：我们希望自己的每一分付出都配得上人们的关注，甚至可以说，B 面尤其需要让人眼前一亮。我有充分的理由推断这是从史密斯乐团那儿继承的传统——他们有一段时期的 B 面曲目全是上乘之作。正因如此，做乐迷的体验才充满了惊喜，就好像乐队在用一份礼物来奖励你投入的热爱，而我们正是想让自己的作品维持这样的感觉，力求创造一场让人屏息的探险之旅。尽管如此，我还是不得不说，如果把《我无法满足的一个》《献给鸟儿》《他死了》(He's Dead) 和《大日子》(The Big Time) 收进去，我们的出道专辑绝对能更上一个档次。

那段日子，我和伯纳德[1]作为朋友一起度过了愉快的时光。我们的关系紧密、团结一心，彼此之间的敬意与日俱增，也越发尊重我们来之不易的共同创作。前几年郁郁不得志的苦日子将我们牢牢凝聚成一个坚固的整体，终于，世人的耳朵似乎开始倾听我们的声音。乐队结成之初的那几个冬天，我们苦苦挣扎求生，人群却只是耸耸肩，无动于衷，一如对待绝大部分做歌星梦的人那样冷眼相迎。而在我们咬牙前进、一刻也不退让的同时，横在我

1　山羊皮乐队第一任吉他手伯纳德·巴特勒（Bernard Butler）。

们面前的那堵冷漠的墙却似变得越来越坚硬。我们在舞台上不断做出大胆出格的表演，让带着茫然、神游似的冷酷——以配合1990年代初默认的地下演出氛围——而来的观众坐立不安，离我们而去。台上的人比台下的多是常态，有一次，我们甚至对着唯一的观众演了一场耻辱至极、毫无意义的演出。好在凭着一身反骨、机缘巧合和自我进化，我们最终找到了自己的声音，世人也终于开始倾听。那时候，我和伯纳德会分享丁香卷烟，结伴搭乘哐当哐当的地铁，一路聊得热火朝天，互相借用对方的金句，一起谋划未来。就像人在年轻的时候明白死亡终会到来却感觉还很遥远，我和他之间如摇滚编年史所记载的决裂虽然可以预见，却仍似不可能发生一样与我们毫不相干，只有零星闪过的一两下不和谐之音像是偶尔现出的死兆：某幅油画边缘的骷髅头。总体而言，乐队内部激荡着蒸蒸日上的信心和友情；另外，贾斯汀[1]离开之后，乐队内部的动力也发生了变化，尤其是西蒙[2]得以从边缘位置脱颖而出，彻底展现出了自我，从我们初识的那个有礼貌、没有存在感的朋克青年摇身一变，成了现在这位和善忠诚且常常很逗趣的好朋友。

　　我们开始在伦敦标志性的小演出场地登台，每场都铤而走险地确保门票超卖，让场内被汗气蒸腾的肉体挤得水泄不通。这种故意营造的火爆场面似乎契合了山羊皮乐队的一个核心精神，即

1　安德森的前女友贾斯汀·弗里施曼（Justine Frischmann），她早期是山羊皮乐队的成员，和安德森分手之后离开了乐队，后担任橡皮筋乐队（Elastica）主唱而成名。

2　山羊皮乐队鼓手西蒙·吉尔伯特（Simon Gilbert）。

对超越日常、抵达更高境界的渴望。我一向偏爱那些看起来像在另一个世界一样遥不可及的艺术家。即便是性手枪（Sex Pistols），哪怕穿得破破烂烂，唱歌像在海布里[1]看台合唱，却也一看就跟我们其他人不一样——几个幻彩荧光漆涂成的卡通人，犹如来自外星球。有些人因为不想给大众造成耍大牌的印象，所以摆出一副"我们和歌迷一模一样"的姿态，这只让我想到自以为是孩子"最好朋友"的老爸们，装模作样，居高临下，毫无内涵。无论多么不合时宜，我所持的观点一贯如此：任何表演在本质上都是精英的行为，舞台则是为了一个明确的目的存在——为了将乐队抬高，与观众分隔开来——由此产生的力量差异是戏剧里一个至关重要的元素。在《溺水者们》单曲发行前，我们在考文特花园的非洲中心（The Africa Centre）搞了一场演出，为后来一连串躁乱、颓靡的小型演唱会拉开了序幕。在我的记忆里，那是我们头一次意识到人们可能真心需要我们拥有的某样东西。我还记得，当亲眼看到真的有四百人花了辛辛苦苦挣的钱来看我们的那一刻，我整个人完全震惊了。那场演出本身在我的记忆里只留下了模糊的印象，好像有些冷场，因为我们还没有学会如何有效传达自己的情绪并将其融入表演，所以整场表现不是很稳，缺乏掌控力和震慑力。但在那一刻，琐碎的失误似乎已无关紧要了，因为我们感觉到人们的好意开始像温柔的潮水一般涌来，将我们推向前方。

1　Highbury，指海布里球场，从1913年到2006年一直是英超阿森纳队的主场。另外，性手枪乐队主唱约翰·莱顿（John Lydon）也是一位忠实的阿森纳球迷。

明天的炸鱼和薯条纸

　　哈克尼路上的前提录音室（Premises），几支乐队在不同的排练间里各自演奏着截然不同的歌曲，声音漏进走廊，混作一团无法调和的刺耳杂音。这地方散发着一千支未签约乐队留下的陈年汗臭和烟头味儿。伴随底鼓一下下沉闷的撞击和贝斯紧密配合的低鸣，一层薄薄的灰尘从天花板开裂的维多利亚式石膏板上落下，飘浮在这个堆着备用吉他弦、饼干和薯片的小货亭，最后无声无息地降落到柜台上。柜台后面，粗鲁的老板拖着脚步走来，将两杯奶茶往台面砰地一放，然后看向我。"一共两英镑。"他说。我将手伸进牛仔裤口袋，从乱七八糟的一团东西里摸出几枚硬币递给他。他收了钱，对上我的目光："我在《旋律制造者》[1]上见到你们的文章了。"他扬起一抹毫无特征的笑。"噢，是吗？"我轻快地答道，以为他会微微点头，以示勉强认可。"英

―――――――――――

1　*Melody Maker*，创刊于 1926 年的英国著名音乐报刊，2000 年被其长期竞争对手《新音乐快递》（*New Musical Express*）兼并。

国最好的新乐队？"他嘟囔着，又皱起了眉头，"你们甚至都不是这栋楼里最好的乐队。"

　　1992年4月，围绕我们的传言甚嚣尘上，音乐周报《旋律制造者》闻风而至，配合唱片的发行对我们做了一次采访。在此之前，我们的足尖已经在媒体这池水里轻轻点过几点，作为初出茅庐的无名小乐队在几段迷你简报里被一笔带过，但这次来的却是主流媒体的一整篇特稿，采访者是该报编辑史蒂夫·萨瑟兰（Steve Sutherland）——他已经听过那张单曲唱片，并恰好被它触动了心弦。史蒂夫这个人很有意思，外表开朗到让人有点不知所措，同时也具有钢铁般强韧的野心，以及职业记者对好故事的贪婪渴求。在他身上，我嗅到了不为感情所动的冷血气息，我想他透过我们看到了未来——想必在他眼中，山羊皮不仅是一支新乐队，更是一个新运动的开端。那时我还未掌握任何实用的受访技巧，所以印象中有点词不达意。事实上，马特讲的话更有看头，不过话说回来，他讲话一贯都很有看头。

　　采访结束之后，我们慢慢蹉到了伦敦东区一间阴冷漏风的摄影棚——像这样的私人摄影棚曾遍布东区的大街小巷，直到"潮人"[1]搬进来为止。摄影师是汤姆·希恩[2]，《旋律制造者》常驻的首

1　"潮人"（hipster）是 2000 年前后兴起的与另类和地下音乐联系紧密的亚文化分支，是指群居于中产阶级社区的一类年轻人，他们推崇自由主义，崇尚地下文化和反主流时尚。在英国则是指 2000 年以后大量搬进伦敦东区这种传统工人阶级聚居区的新新人类，大多是媒体和新兴数字行业的年轻从业者。

2　Tom Sheehan，英国知名摇滚摄影师，素有"明星污点"之称，从 1980 年代开始担任《旋律制造者》首席摄影师，为众多摇滚明星拍过很有代表性的经典照片，其中不乏颇具争议或不雅的瞬间。

席"污点"，地道的伦敦东区人，招人喜欢，爱开玩笑。他让我们穿着自己的仿皮大衣和乐施会夹克[1]，像几个发现了戏服箱的顽童一样在镜头前搔首弄姿；在他颇有技巧的引诱下，我们开始进入了正在为我们量身打造的角色。当时我还未认识到摄影师的本领在很大程度上取决于他们与拍摄对象的对话，取决于从面部表情和姿态里提炼微妙之处的能力，所以才有了电影《放大》（*Blow-Up*）里的老套桥段：大卫·贝利[2]式的刻板角色沉迷于欲望的拙劣哑剧，恳求眼神楚楚的瘦弱女孩儿"对着相机做爱"。我从来都不是那种你叫我笑我就能笑的人，我不知道要怎么去笑，因为笑这一行为在我看来是一种反应，而非任由自己的意愿掌控的回应。但汤姆是个善于操纵的老滑头，另外我想他应该心知肚明，我们不希望被塑造成时下流行的标准形象：那些一窝蜂涌现出来的阴郁"盯鞋"男孩。当时我们才摆脱领失业救济金的队伍和没有前途的工作，相比而言，待在摄影棚被别人奉承一下午自然感觉无比受用；但回过头来看，我们在镜头前的幼稚表现绝非明智，因为这种迫不及待去迎合他人的天真意愿过早地为我们挣得了一份虚名，助长了我们的贪慕虚荣之心，之后我们又用了多年时间与之做斗争。有趣的是，在与媒体最初的小小交锋里，你给世人的第一印象竟然有如此强劲的持续影响力，能够在日后继续定义你并形成一层僵化的外壳，从某种意义上来说你将

1　乐施会（Oxfam）是在英国成立的一个具有国际影响力的慈善救援组织，在英国及其他一些国家开有许多慈善商店，售卖捐赠的二手商品，包括二手服装。

2　David Bailey，英国著名时尚摄影师。

永远无法破壳生长。有一个广为流传的理论，说的是名人的感情成长冻结于他们成名的那一刻，因为从此他们开始对真实的世界设防；与之形成对照的是，有时候大众对他们的看法也会简单地停留在最初那一刻，从未更进一步发展成熟。

4月末的一个星期二，我和马特走在大马尔伯勒街上，远远看到前方有一个书报亭，我依稀望见那儿的《旋律制造者》头版上有幅图，有点像是我的脸。我们走了过去，那图像在我眼中逐渐变得清晰。然后就在那诡异的一瞬间，我惊愕地看清了那不是别人，的的确确就是我的脸，我们竟然登上了头版，我的意识顿时跟断了线一样空白。我们四个人的脑袋下面印着一行黑体大写字母组成的图注："英国最好的新乐队"，这行字将在接下来几年如影随形地跟着我们，有时候我们宁愿自己从未见过它。我不知道在纸媒统治时代结束之后长大的人还能不能理解那几个字的分量。《旋律制造者》在当年可谓一家举足轻重、影响力巨大的音乐媒体，其威力、覆盖面和发行量之大足以左右甚至塑造一支乐队的音乐生涯。但它自有一套森严的等级制度、一套必须遵守的尊卑次序，这就意味着根本轮不到一支正准备发行出道单曲的乐队来做它的封面明星。我们年少时曾耗费无数空闲时光逐字逐句地研读它，对它那套老规矩再清楚不过，所以一回过神来，我们就立即意识到自己面临的处境绝无仅有。直到今天，不少记得那段往事的人仍将山羊皮视作媒体的产物，一个扭曲、邪恶的实验品，出自某个阴森森的雪莱[1]式工业流水线实验室，想到这儿我不禁黯然神伤。正是那一刻埋下的火种引发了后来的轩然大波，我们成了罪恶的嫌疑人、同谋犯，犯下了地下摇滚圈最大的原罪——伪造人设。当时我们理所当然地为自己终于受到命运的垂青而忘乎所以，太过自我陶醉以至于无暇去顾及什么后果或启示，但现在回想起来，我不禁觉得难以置信：那些坐视我们误入歧途的人怎能如此不负责任，如此目光短浅。在我看来，我们就是没有得到过逆耳良言，而那些以审时度势为本职工作的专业人士，甚至一次也不曾费心告知我们所追逐的奖赏根本就是毒药。我们忘我地投入追逐，一秒都停不下来，但乐队的角色本就是大胆莽撞、听从本能与野性的空想家，而他们身边的人应该去扮演头脑清醒、思虑周全的引路人。我不得不说在这一方面我们很失败，一头栽进了风暴里，身边却没有任何人来拉一把，制止我们与媒体这个反复无常的情人签下轻率的契约。托了"后见之明"的福，现在我得以轻易地挑出那些关键时刻加以批判。不可否认的是，最初我们一门心思地想要出人头地，在接踵而至的媒体疯狂抢食战中，我们闭上眼睛，来者不拒地抓住一切可用资源。这对我们后来的职业发展后患无穷，在许多人眼里，我们的形象被永远地简化为"过誉"和"过度炒作"——这两个贬义词直到今天依然让我感觉阴魂不散，都是最初夸大其词的名号留下的

1　指玛丽·雪莱（Mary Shelley），英国小说家，《弗兰肯斯坦》一书的作者。《弗兰肯斯坦》又名《科学怪人》，创作于 1818 年，讲述了疯狂的科学家弗兰肯斯坦在实验室里用尸体的各个部分拼凑出了一个怪物，从而引发了一系列的诡异故事。

遗毒。

　　缺乏冷静的指导这件事很能反映我们的团队和身边人的本质。索尔可以称得上是我们最有经验的导师，但他总给人一种唯恐天下不乱的感觉：当我们卷起的骚动开始愈演愈烈之后，他几乎比任何人都兴奋；随着事态的进一步发展，他开始被一种疯狂炽热的能量牢牢掌控，为我们的成功忘情欢呼，就好像是他自己成了明星一样，深陷在我们不由自主踏上的这趟险恶旅程里无法自拔。我们的处境前所未有，当遇上大风大浪需要应对的时候，没有任何操作手册可供参考；与此同时，艺人与媒体的关系也进入了一个变化无常的崭新阶段，进而定义了接下来十年的媒体版图，在这样的情况下，我们不知不觉地扮演了俗话所说的小白鼠。山羊皮出道时收到的媒体反响大到过犹不及，在历史上似乎鲜有前例可循，虽然这不是什么特别令我自豪的事，却有必要提及，因为它已经成为我们故事里不可或缺的要素。为了让没有经历过或是忘记了那段往事的人理解当年媒体迎接我们的阵仗究竟有多大，我就举一个例子：还没等出道专辑发行，我们就已荣登十九家媒体的封面。毫无疑问，这一现象注定会造成致命的后果，包括但不限于伯纳德后来的抗拒与出走。但在泡沫还未破裂之时，肤浅的谄媚看似依旧有趣，我们只顾紧紧抓住面前的椅背，尽情享受狂飙。

　　《溺水者们》EP预定于1992年5月11日发行。唱片录制结束、混音完毕之后，就轮到我来敲定它的装帧了。我一贯酷爱专辑封套对音乐的定义和折射，并着迷于研究正确的封面图片何以具有足以代言歌曲的强大力量。在少年时代，我不知挥霍了多少无所事事的时间，乐此不疲地盯着希普诺西斯[1]、杰米·里德[2]和彼得·萨维尔[3]的作品。在无数个周三、周四的无聊下午，我来回奔波于各种二手商店和跳蚤市场，搜罗了一个发霉的小型图书馆，其中有一本摄影师霍尔格·特鲁尔奇（Holger Trulzsch）和模特沃汝莎卡（Veruschka）的书，书中暗潮涌动的超现实图像让我迷恋了很多年。有一张裸体女孩的图片尤其吸引我：她全身用彩色颜料绘着一套男士西装，手里握着一把枪，看上去天衣无缝地表达了那几首歌里的某些隐晦主题——威胁和性欲的混合体，愉悦的雌雄同体困惑——于是顺理成章地做了单曲的封面图。最终的封套有一种粗制滥造的廉价感，几乎就像情境主义[4]艺术作品，这都是由一个愉快的巧合所致：因为预算很少，唱片公司说只能负担两三色印刷的成本，结果误打误撞地为封套成品增添了一种如少儿剪贴画般绝妙的朴拙之气。这种近乎家庭作坊出品的质感继而成了我们独特的视觉风格，在早期的一系列唱片封套里沿用了下去。

　　《溺水者们》问世之后激起的双重反应颇有意思。对于世界

1　Hipgnosis，为平克·弗洛伊德乐队（Pink Floyd）、齐柏林飞艇乐队（Led Zeppelin）等摇滚巨星设计过经典唱片封套的英国艺术设计团队。

2　Jamie Reid，英国朋克运动时期的重要艺术家，为性手枪乐队设计了众多唱片封套、海报和其他宣传品。

3　Peter Saville，英国著名平面设计师，代表作包括快乐分裂乐队（Joy Division）的出道专辑《未知的快乐》（Unknown Pleasures）封套。

4　Situationist，20世纪中后期欧洲一个非常重要的社会文化思潮，源于法国。在法国1968年的"五月风暴"中，情境主义作为一种批判的艺术武器被大量运用于街头涂鸦、海报和传单中，其风格融合戏仿、拼贴和对已有作品的再创作等，给观者一种粗劣、混乱之感。

上绝大多数人来说，这张唱片跟他们没有交集，知名度几乎为零，在主流媒体也没有激起任何水花，在英国单曲榜上也只是艰难地爬到第49位。然而在小众的亚文化圈里，哪怕说它被当成了一次地震来对待也不为过。这话听起来大概狂妄透顶，我也试图将自己的真实记忆和事后捏造的虚假记忆区分开来，尽力跳出令人窒息的唯我主义桎梏来就事论事，但我真切地记得，这张唱片在当时音乐周刊媒体和伦敦地下音乐圈的小世界里的确引发了一片喝彩，被炒得沸沸扬扬，甚至有点臭名昭著的嫌疑。我们似乎在无意间成了一场地震的中心，种种势力开始围绕我们团聚起来，其原因之一是我们振聋发聩、直刺人心，一扫当下音乐圈半死不活的气象；原因之二是我们已经进化出自身独有的华丽气场和锋利锐气，展现了某种惊世骇俗的新事物；但主要还是在于——容我自夸一下——我们的歌够好。我一向狂热地信仰歌曲的力量。我爱它用几件最简单的工具就能达成，而一架钢琴或一台打字机的键盘既是限制又蕴含无数可能，给你激励的同时又嘲弄着你，因为秘密就在你的指尖上诱人地跳动，却仍然无法触到；同理，有时候抱着一把廉价的吉他坐在那儿，再加一把嗓子和一点点灵感，你就被点燃了火花，意识到自己可以解锁某种魔法，染指某种奇妙的炼金术，去往你的想象力能够到达的任何疆域。语言和旋律之间的相互作用是如此扣人心弦、富有力量，我自童年起就为之着迷，而遇上了伯纳德以后，我们终于寻回了这门仿佛已失落多年的艺术，真正作为一对词曲作者开始发声。

　　但如果避而不提我们歌里隐晦的性，那也太不真诚了。无论是《溺水者们》暧昧不明的歌词，还是《我无法满足的一个》的视角转换，都为这张EP增添了一种电力十足的肉欲气息，并且我确定正是这一点为外界对山羊皮的争议火上浇油。我很清楚自己的歌词含有性的要素，也一贯热衷于在别人的作品里提炼此种线索。我早就发现，大部分流行音乐在这方面要么太保守、隔靴搔痒，要么就是把性当成过家家似的泛泛而谈，说来说去都是陈词滥调。在一篇早期的访谈里，我曾说我宁愿讨论"用过的避孕套而非漂亮的床"，就山羊皮早期歌曲的着重点而言，嗯哼，我想这种看法依然确切。描写性在我看来就和描写生活一样：都是对于日常琐事的探索，即深挖到表层之下，客观看待失败与恐惧、迟疑与困惑的时刻，以及主体通常逃不脱的简单二元分类。当然，肯定有人会以为这是在刻意撩拨或制造争议，但归根结底，我不过是试着把自己看见的周遭世界记录下来，仅此而已。媒体的镜头又会把我的作品折射以后再反射给我，然后我会加以回应并将其用作后续创作的素材，如此循环往复，我的人格也会在潜意识中层层加厚，就像洋葱的薄皮一样包裹了一层又一层。凡是把自己的作品带上公众舞台的人都逃不过这个邪恶的循环。不过与此同时，我必须承认在某种层面上我非常清楚自己在做什么，不然就太虚伪了。渴望去挑衅，这必定是促使我在歌曲里详细讨论性的动机之一。我一直认为流行乐——好吧，前提是优秀的流行乐——一大核心目的就是煽起强烈的感情，激发情绪，鼓动盲目的忠诚，有时候人们的反应走到极端就会转化成厌恶甚至憎恨。我早早就明白山羊皮不是一支走中庸路线的乐队：点燃的热情与激起的嘲笑不相上下，极少收获中间情绪。无论是好是坏，这都属于我们必须与之共存的个性。正如一个人无力改变自己脚的大小，一支乐队也必须接受自己所属的类型并在其界限之内活动，如果他们再聪明一点，甚至能利用那些界限顺势而为。

狗屎和钻石

西蒙的敲击宛如原始部落的战鼓，锵锵回荡在洞穴般的室内，伯纳德尖啸的吉他奏出最后几个发了狂的和弦，将《移动》（*Moving*）推向歇斯底里的终点。我合着零碎跳动着的节奏挥舞手中的麦克风线，摇摇晃晃地踩在监视器上，瞑目注视着面前的茫茫人群，宛如凯旋的胜者，汗水淋漓。歌曲在狂暴地砸向终点时戛然而止，突如其来的寂静之中，一排排身穿"奈德的原子垃圾箱"[1]T恤的学生不耐烦地左右摇晃着身体，脸色阴沉地盯着自己的鞋尖。有一两个人敷衍地鼓了鼓掌，但在全场瓮声瓮气、烟气迷蒙的骚动之上，所有人都在问同一个问题："国王制造者（Kingmaker）什么时候上场？"

事业起飞之后，大家热情高涨，这时我们得到了给一支名叫"国王制造者"的乐队做巡演暖场的机会。国王制造者乐队在

1　Ned's Atomic Dustbin，一支成立于 1980 年代末期的英国乐队，在当时的青少年中很受欢迎。

1990年代初很受欢迎，凭借在中等规模的大学场馆里巡回演出积累了一批忠实的拥趸。在别人的乐迷面前表演从来都不好玩，因为他们只是抱着无所谓的好奇心和轻微的怀疑在看你，你很难真正渗透进去，把他们的能量调动出来。但新晋乐队通常躲不过这一关，你必须咬紧牙关，坚强地去面对他们冷漠的反应。因此在我的记忆中，我们并没有哪场表现特别值得一提，不过整个旅途倒是过得挺没心没肺的，我们跟国王制造者处得很愉快，我还和他们的主唱罗兹（Loz）——一位腼腆但阳光的感性男孩，我一直都挺喜欢他——在深夜喝过几次啤酒，在试音的间隙聊过几次天。那次巡演的高潮出现在肯蒂什镇乡镇俱乐部（Town and Country Club）的一场演出上，沿街而下就是公牛和大门（Bull and Gate）酒吧，1990年我们曾在那儿度过了不少没有高潮亦没有记忆点的夜晚，积累了最初的舞台经验。乡镇俱乐部一下子就跃升为我们演过的最大场馆，单凭这一点，那晚的演出对我们也是意义重大。我照例记不得演出本身有任何特别之处，但那个夜晚却激发《旋律制造者》的史蒂夫·萨瑟兰写出了一篇著名的煽风点火式的评论。一周之后的礼拜二，我们一拿起报纸就看到了那白纸黑字印着的头条标题："猪前面的珍珠"，紧接着是一句刻薄的"狗屎和钻石"——压轴乐队与我们之间的对比一目了然。更加昭然若揭的是史蒂夫操纵形势的政治伎俩：将一帮"狗屎"乐队（国王制造者及其他）与其竞争对手《新音乐快递》画上等号，同时把他眼中的"钻石"乐队（山羊皮及其他）与《旋律制造者》绑在一起。战线已经划分，战争宣告开始。文章写得很有煽动性，而且在小范围内造成了相当大的影响。一年后当史蒂夫很讽刺地就任《新音乐快递》的编辑时，据说还引发了一轮集体辞职。

无论你对那篇文章的功过和观点持何种看法，恐怕都无法否认它的肆无忌惮。对我而言，它象征着音乐媒体兴风作浪的时代发展到了顶峰。在那个时代，每周二早晨拿起报纸的时刻就像是拿起了自己的人生。大大小小的评论文章里充斥着野蛮的抨击、恶毒的谩骂、人身攻击和致命炮轰，作为风暴眼中的关键人物，我对它的冰火两重天都深有体会。经常在同一期报纸里，我一会儿被甩在烂泥里无情践踏，一会儿被可笑地封为某种半神。年轻的我摇摆于病态的自省和虚荣的自恋之间，有时候几乎无法停在中间的位置折中地看待自己。就我个人而言，我是搞不懂如果有人评价了你和你的作品，你怎能做到视而不见。当然有些艺术家声称他们"从不读有关自己的报道"，可能也有极少数是真的不读，但那种人大概比你想象的要少。音乐人有一套老掉牙的说辞，诸如"我们的音乐只为自己而作，如果有其他人感兴趣，那只是额外的奖赏"云云，透着一层云淡风轻的态度，也暗示了一种诗意浪漫的观点，即艺术家是位世外高人，超脱于"别人怎么看待他"这种琐屑俗事之外。但这样的漂亮话多半是彻头彻尾的谎言。真相是，将自己的作品公之于众这一行为本身就是在希求某种正式的肯定，就是在呼唤媒体的回应——虽然有一类艺术家嘴上把媒体骂得一无是处，但很多人背地里依然会寻求认同，看到正面评价就欣欣然全盘接受，如若相反便难受得坐立不安。你可能会想，要是看到负面报道，直接不理它就好了呀，但我却发现自己需要去"化解它"，其过程类同于吸收伤痛的过程。很难搞清楚它对我的心理究竟造成了何种影响——放大了我的哪些性格特质，又压抑了哪些特质——也难以想象如果没有被诋毁被伤害的经历，我现在又会是一个怎样的人。我不信有谁能从这种扭曲真相的遭遇中安然脱身，一点精神创伤都不留，但这亦属于契约的一部分，最初当你登上那艘愉快的小船启航之时曾亲手签字画押。鉴于奖赏之巨大，遭受如此种种可算得上是侮辱的暴力对待，看来也并非不可接受——好比一场现代世界的角斗士比赛，奖品的价值让流血变得理所当然。即便身边的人会劝你"不要把它当成是针对你个人的"，你也永远都无法真正从自己的人设里跳脱出来，置身事外冷眼旁观，哪怕一分一秒都不能。有些事情，比如约会，你以为会随着年岁增长而变得更轻松，但其实并没有。

事到如今，我已记不清自己曾有多少次被推上绞刑架，纵然类似经历很可能在个人层面上给我留下了深深的创伤，我却依然相信在缺少了"潘趣与朱迪"[1]式音乐周刊媒体的当下，我们失去了一件具有文化价值的财产。此话从我嘴里说出来大概显得很轻巧，因为我不属于史蒂夫那篇长篇檄文的讨伐对象，文中牵涉的乐队之优劣高低我也无意讨论，然而带着25年之后的后见之明来看，我认为那篇文章本质上就是一种创造性行为。史蒂夫动笔的

1　Punch and Judy，历史悠久的英国经典木偶戏，演出内容主要围绕剧中主角潘趣和朱迪这对夫妇斗嘴打架、互相折磨而展开，没有固定的剧本，完全靠演出者根据观众的反应即兴发挥。

时候心里很清楚自己的目的绝不只是为了激怒一小撮人而已。他知道自己是在做恶人，自己的行为遭人厌、惹人烦，还刻毒得过分，但他同样心知肚明的是，他的鞭策终将激励乐队奋进。他对自己在整个行业里的定位看得一清二楚，理解"媒体踢打"更广泛的意义，他亦明白一条公理：任何走上公众舞台的艺术家都会受到公众的评判，如果有人不喜欢他们的作品，他们无权感到不忿。从达尔文进化论的角度来看，狂轰滥炸的乐评是一套复杂的制衡体系的组成部分，摧毁一部分乐队的同时，也激励另一部分乐队继续前进并成就大业。它们虽遭人反感，却是音乐产业生态系统不可或缺的要素。20世纪70—90年代的音乐媒体就是一个多极分化、火力十足的战场，不同的意见在其中交锋，引发了一场又一场的运动。虽然有的运动不过是荒唐、短命的文化笑话，但另外一些，比如朋克，最终改变了世界，并重新定义了大众对于音乐的看法，以及对更广义的艺术的看法。后来当山羊皮开始走向海外的时候，很多外国媒体都带着怀疑的目光看待我们，更有不少选择将我们视作英国音乐媒体的造物。我们将遭到枪林弹雨般所谓"炒作"的粗暴指控，焦点被不公正地从我们所创作并为之自豪的音乐上转移开来。我一直认为他们有点本末倒置。炒作无法带你走太远，如果没有真才实学，人们很快就会识破你薄弱的伪装，转向下一颗闪亮之星。不过更讽刺的是，受到人们莫大质疑的媒体机器似乎也负责为人们所爱的音乐把关。然而在当下，除了几个出类拔萃的特例，绝大多数出版物再也生产不出什么有价值的观点了，可能是太害怕得罪受众的缘故吧，它们显然不再关心艺术价值，只是站在对自身利益最有利的一方，跟着营销风向见风使舵，又对股东噤若寒蝉。

　　说这些话恐怕会给我惹麻烦，我也希望事实证明我是错的，又或许是我脱离时代太久了，无法看清现实。但在这个数字时代，很遗憾，我就是看不到哪里存在革命性的新现象和新运动发源的土壤。我的感觉是，现在我们都活在当代的决定性文化事件——社交媒体——投下的巨大阴影里，即便人们依然热爱音乐，音乐却已不再居于人类存在的核心，不再具有定义人类生命的重要性，而变得更像是生活方式的附属品，正因如此，它的冲击力和世代共鸣也日销月铄。趁着这个畅所欲言之机，我就顺便展开来再啰唆几句。有一个问题我认为应当唤起每个人的担忧：自从音乐行业遭到网络盗版及其后迅速扩张的流媒体服务血洗之后，小众边缘音乐人的处境就变得越发艰难。当然凡事都有例外，但如我所见，现在做有意思的非商业化音乐的新乐队普遍难以为继，可如果他们生在1970年代—1990年代，是能获得良好的职业发展并赚到钱的。显然这又牵扯出了阶级问题。我们是否可以推断：工人阶级的声音或许要不了几年就会从另类摇滚圈彻底消失？因为小众音乐不会再被人视为一种赖以谋生的职业，于是它唯一的活路就只剩下靠有财力的父母资助？然而除此之外还有更广泛也更令人不安的隐忧。处于音乐产业金字塔顶端的阶层大概还无心为之焦虑，至少目前他们还在靠制作主流流行乐赚大钱，但事实上，他们就算再多点焦虑也不为过。艺术创作世界的各个层面都是一脉相连的，在诸多方面相互依存，就像一个生态系统。为了不让我的观点听上去太虚，这么说吧，在我看来，商业化艺人向来都是从更具创造力的边缘音乐人身上汲取养料，拿来后者的想法加以注水、净化和通俗化。这个道理就等同于植物的消亡会引发一系列连锁反应，最终将导致食肉动物灭绝。所以我相信音乐产业边缘地带的活动对于音乐圈整体的健康发展至关重要。一旦缺少了这台创造灵感的引擎，可想而知，我们的文化将陷入一片荒凉的真空，身处其中的商业艺人只能越来越多地依靠复制过去的成功起家，到时候音乐圈将会呈现一派触目惊心的人造仿古之景，毫无意义可言，更不具有任何牵引力或价值或活力。也许有人会争辩说，好多年前我们就已经到了那步田地，选秀节目《英国偶像》（*The X Factor*）的成功和"仿城"[1]等流行运动的兴起看似佐证了他们的论点，而且主流音乐本来就一直自带感伤主义的倾向，但不管怎样，还是会不时出现有趣的作品让人眼前一亮。但我担心照此趋势发展下去，可以合理推断我们将面临的不只是创意的匮乏，更有可能是一场终局的开端。

　　言归正传，回到我的小故事。多年以后，我和贾斯汀恢复了联系，之后我和罗兹会变得很熟，因为他就寄住在她诺丁山家中的一个房间里。到了那个时候，他的乐队已与他对成功的企图心一道分崩离析，而他的日子则过得漫无目标、郁郁寡欢。他一直是个内心柔软的人，我猜想他并没有准备好承受被强加于他的东

1　Faux-town，指一种借鉴自摩城（Motown）的流行乐派。摩城是 1950 年代末诞生于美国底特律的一家唱片公司，专门制作以福音和节奏布鲁斯为根基的黑人流行音乐，后来发展成一种影响深远的音乐流派，其代表艺术家包括迈克尔·杰克逊、艾瑞莎·弗兰克林等；而"仿城"则被用来称呼模仿摩城音乐风格的一众白人歌手。

西，所以才会被造星机器的血盆大口吞噬，毁在了为一部分人带来成功却将另一部分碾成齑粉的车轮之下。我一直都很关注乐队的成功与失败之间的细微分隔线：它机械地规定了哪些能继续前进，成为风靡全世界的巨星，而剩下的则沦为无名之辈，识趣地退入文化的象冢，黯然消逝。天赋、勤奋和韧性对成败固然影响重大，但通常的情况却总是——哪怕从业内人的角度来看——近似于随机选择。我想每个人都有过这样的体验：有时听到一支乐队的歌，你会纳闷他们到底是怎么走红的。而且我敢肯定，有许多人对山羊皮完完全全就是这种感觉。一般而言，我认为只是他们的个性里某种因素让一个群体的人产生了共鸣，可能是与众不同或激情四射的行事风格、音乐技巧、不按常理出牌的作风，或者是一种态度，甚至还有可能仅仅是命运无常的戏弄。我一直坚定不移地怀着一种天真到近乎可悲的理想主义信念，即作品的质量可以将你引向成功，可每当看到像回声与兔人（Echo and the Bunnymen）那样的乐队在创造出了1980年代最遗世独立、最振奋人心的音乐之后，却沦落到在音乐节演出阵容名单里垫底，面对现场寥寥几个冷漠的观众做暖场，而他们的某些同辈却能让全世界的体育场满座，我就不得不承认通向成功之路没有任何固定模式可言，由此也显然可见，音乐和艺术普遍具有绝对的主观性。遗憾的是，对于罗兹而言，他的乐队将加入无名小卒的行列，被那无情的机器吐进炮灰之中，眼睁睁看着身边其他人继续他们令人目眩的上升之旅。

病恹恹的南方孬种

古洛克湾旅馆（Gourock Bay Hotel）烟雾缭绕的窄小内室里，我们四个站在舞台上，《默剧马》（*Pantomime Horse*）最后的吉他乐句打着旋儿慢慢滑向终点。我们的视线投向地面，天花板上一根吊杆连着的单罩泛光灯洒下一片红光，将我们的面容隐没在阴影里。台下稀稀落落的观众不怀好意地瞪着我们，有几个人义务性地轻轻鼓了鼓掌。随着脚步在黏糊糊的地板上拖曳的声音充满整个房间，最后几下孤零零的掌声也彻底消散。就在那一瞬间，全场突兀地陷入了低气压的沉默之中，我们看了看手写的节目单，准备进入下一首歌。突然之间，从台下的阴影之外传来一个响亮而清晰的声音，骤然打破了紧绷的寂静，只听那格拉斯哥口音的粗嗓门大喊道："一帮病恹恹的南方孬种！"

米色福特全顺的轮胎滚动在M8号公路黑暗的橡胶沥青路面上，我们沿着公路疾驰，经过一条条分岔道和立交桥，吞吃着残破的白色路标线，支离破碎的灌木丛林边缘和素色的巨大道路指示牌不断消失在后视镜里。查理坐在前面紧握方向盘，载着我们不断向前飞奔，其他人则窝在晦暗无光的后车厢，躺在毯子上难受地辗转反侧，随着在烈风中摇晃的车身来回滚动。就这样，随着1992年《溺水者们》巡演一路向前开进，我们在灯光惨白的世界里流浪，将生命献给高速公路服务站的早餐、焦躁的试音、偏僻乡间发酸的廉价葡萄酒和更衣室的奶酪拼盘。无数个下午都虚耗在低档演出场所的后台，我们窝在那儿无聊地摆弄着芹菜梗和保鲜膜，等待寥寥几个工作人员布置舞台；到了夜晚，我们则在激情澎湃的演出里苦苦沉沦，然后进入酒神的国度纵情狂欢。那些日日夜夜构成了一幅离奇的光景，间杂其中的平淡与高潮互不调和。音乐媒体一下子将我们捧上神坛，在全国范围内激起了毁誉参半的反应。古洛克湾旅馆那群充满敌意的冷面观众显然是持质疑态度的一方，在他们眼里，我们大概就是一群都市精英、媒体宠儿，养尊处优，享有特权。当时的气氛着实紧张，若非如此我很可能会笑到停不下来，因为甩给我们的那句辱骂实在是荒谬绝伦：很有才华地将修辞、谩骂和讽刺糅合在一起。那场演出给我留下的另一个记忆是结束之后马特从男厕所出来，告诉我们他刚刚碰到了一个晃晃颠颠的大块头暴徒，那人恶狠狠地问他有没有"见到他妈的山羊皮那帮人去哪儿了"。他被迫憋出一口糟糕的苏格兰口音，闷声吐出了个模棱两可的回答，有点像电影《我与长指甲》（Withnail and I）里的"长指甲"在洗手间遇到一个好斗的爱尔兰人那一幕——该片的众多名场面之一。不过，那个时期也不是所有小地方的演出都那么有火药味。我最珍重的记忆之一是在南安普敦木匠武器酒吧（Joiners Arms）的演出，我记得有一件非常美好的事就是发生在那里的。虽然那家酒吧的环境普普通通，墙上贴的毛面壁纸又旧又破，塑料啤酒杯一摞摞乱摆，但当我的视线越过下面一小片"面孔的海洋"，我忽然感觉到了一个"时刻"的降临，在场的每个人似乎都心照不宣：有一件特别之事正在发生，而且不在任何人的掌控之中。如果说我的个人记忆里有哪个瞬间可以代表山羊皮真正"横空出世"的那一刻，想来非那场演出莫属。我还记得那突如其来的一阵狂喜，我第一次感觉到乐队和观众团结一心，在向共同的目标前进。作为表演者，有时候当你意识到自己做什么都不会错的时候，就获得了一股所向披靡的狂热力量——一种让人目眩神迷的完美幻觉，诞生于我们、观众和天时地利的环境三者自发形成的共谋。那也是我有生以来第一次真正觉到了能量的流动，第一次醍醐灌顶地意识到原来现场演出远不只是尽职尽责地把自己的歌曲搬上舞台，我终于明白了，一场好演出和一场伟大演出之间的差距全在于台下观众的共同参与，以及台下台上不断循环的交互反应。有时候感觉观众并未意识到自己也是剧中人，也扮演着角色，不同于在电影院看电影，我们在现场的表现很大程度上受制于它得到的回应。这个问题多年来一直在我心头挥之不去，因为演得越多，我就越清楚地认识到山羊皮可能比世界上绝大多数乐队都更需要反馈，有的时候，要让一晚演出获得成功即意味着要用尽全力去制造反馈。

　　关于那段时期的现场，我另一个特别的记忆是贝尔法斯特的一间小酒吧。那场演出的气氛本来就很高涨，但在中途，伯纳德的吉他突然失声，歌曲半道停了下来，这时候观众开始低声合唱起了副歌，为我们救了场，这个不期而遇的奇妙瞬间也将整场演出真正推向高潮。那一刻，我们感觉无比谦卑，又异常美好，一种团结一心的荣耀感让我们不约而同地绽放出了得意又傻乎乎的笑容。这个不可思议的偶然事件突然点燃了导火索。然后气氛逐渐失控，进入一种奇妙胶着的暴乱状态，最后在震耳欲聋的吵闹声中轰然结束。之后我们流着汗，颤颤颠颠地回到了欧罗巴酒店（Europa Hotel）——顺便一提，那儿的人近乎自豪地告诉我们说它是整个欧洲遭到轰炸次数最多的酒店。我还记得我们一起坐在酒吧间里，一边聊天，一边啜饮贝克啤酒（Beck's），忽然听见外面响起了一阵磕磕绊绊的刺耳合唱声。片刻之后，我们听出他们居然在唱《溺水者们》，原来有半数观众一直跟着我们回到酒店，现在正在外面的街道上为我们唱小夜曲。于是我们笑嘻嘻地聚到阳台上，模仿着皇家婚礼结束后的王室成员，浮夸地向他们挥手，那一小撮人则在下面欢呼，晚间的车流从他们身畔匆匆驶过，那情景真是既温情又好笑。从此我们渐渐发现有一群人开始跟着我们四处巡演，他们人数虽少，却很狂热。这个紧密的乐迷小团体来自特林、莱姆里杰斯和赫布登布里奇等地区，常常会在我们试音的时候出现，演出结束后我们则会和他们坐在一起闲聊，一起挤在闷热凌乱的更衣室里抽本森（Benson & Hedges）香烟，抛橘子玩，狂热地聊音乐一直聊到下半夜，直到最后我们歪歪倒倒地钻进全顺小厢车里，意识蒙眬地打道回伦敦，或是回到当地某个廉价小客栈的双人间昏睡过去。那时候一切都感觉朴实而美好，乐队和乐迷之间还未竖起任何形式的屏障，我们发自内心地感激人们花费时间和金钱专程来看我们，同时也有点惊讶于竟然真有人这么做。当然我们四个人都曾当过乐迷，现在看到别人同样被我们打动，不禁生出一种莫名的满足感，就好像自己是在传递接力棒或是在闭合一个圆环，抑或是在偿还人世间的某种因果之债。虽然我们的自我因为受到关注而急剧膨胀，但在那个阶段，一切活动都还只是小打小闹，小到我们可以将新遇见的这帮欢乐妙人儿视为新的朋友。与那群狂热的少男少女为伴让人甚感愉快，我们常常坐在烟雾弥漫的后台区域给T恤签名，忘情地聊音乐，一直聊到嗓音嘶哑，满地易拉罐，烟灰缸里烟蒂堆成小山。巡演对我们来说还是全新的体验，所以每一天都过得有些混沌——无论是演出本身还是结束后的派对，甚至用服务站三明治充饥的深夜旅行，全混作同一片欢乐的记忆画面。数年以后，我们的行事变得更加职业，学会了在不同的事情之间划清界限，将舞台隔离起来，使其与我们身边日常的混乱分开，以应对高强度巡演的考验。一想到我们因此失去了一些弥足珍贵的东西，我就不禁觉得伤感。但无论如何，与那慢慢壮大的可爱小团体一起嬉戏的早年时光依然具有特殊的意义，对我们的本质产生了诸多方面至关重要的影响，造就了后来我们成为的那支乐队。忠诚热情的山羊皮歌迷大家庭就是以此为起点发展起来的，并且我要很开心地说一句：时至今日他们依然团结在我们身边，一群了不起的狂热分子，他们的毅力、忠诚和投入一如既往地令我惊叹不已。

在1992年那个激情洋溢的美妙夏天，我们的人生就好像来到了一个转折点。我还记得有一天在温莎老鳟鱼俱乐部（Windsor Old Trout），设备调试的时候我们并排躺在外面的草地上，一边嚼着烤肉串沙拉，一边仰望泛着涟漪的天空，我的心忽然被一种对所有人的爱意刺中，随之而来的是一阵百感交集的情绪：平静的等待与焦急的期待交织的怪异情感、因一时受挫与停滞而更显甜美的惊人企图心，还有一种渴望提前窥看故事下一章的强烈冲动。在那段时期的演出中，似乎有某种真实的歇斯底里情绪开始滋长。我常常会突然发疯冲进前排观众里面，有一天晚上当我又这么做时，一对歌迷紧紧抓住了我的衬衫扯来扯去闹着玩，结果把它扯裂了。最后当我从舞池里爬出来的时候，已是一身破破烂烂、衣不蔽体。这本是一次愉快的偶发事件，谁知后来却变成了山羊皮演出的一个例行仪式。其实在变得程式化之前，我暗自享受着这种愉悦的身体接触。所以每晚我都让自己被人抓住，半推半就地让他们撕去衣服，第二天再被迫出去买新衣来替代毁掉的碎布。最简单的办法似乎就是买些便宜的劣质衣物，撕了也不会心痛。于是试音结束后我总是跑到附近的旧货商店搜刮一番，买一些粗制滥造的旧尼龙衬衫和薄上衣——尽是些不像样的二手雪纺衫，其唯一功用就是撑过演唱会开头的几首歌，不料却迅速成了一种风格。已开始向我们蜂拥过来的摄影师们有不少都把焦点放在了我的着装上，视其为刻意设计的"造型"，我想这也没错，只是事情并非看上去那么有预谋。如果我说我没注意到为我量身编织起来的人设带有一丝性的意味，那是在撒谎。如今，我作为一位已婚中年人父坐在这儿写这些事，感觉真有点儿滑稽，但事实如此：我的的确确在雌雄同体的主题上玩过花样，利用其模糊不清的诠释空间——我们所有人都不时会乐于探索的边缘空间——来做文章。旧话重提，我将所谓"女性气质"作为自己风格的一部分，这一方面是在表达被扭曲和被误判的悲痛，另一方面则是吸收了我自身被媒体投射回来的形象。在那一年，有一本早已被人遗忘的另类音乐杂志《石灰蜥蜴》（*Lime Lizard*）对我做过一次访谈，其中我谈到了自己如何在创作歌曲时进入家庭主妇和男同性恋之类的角色，以及如何在第一人称和第三人称之间切换，以便转换视角，使创作保持新鲜感。为了阐明这一点，我心无城府地提到在某些时刻我会把自己视为"从未有过同性恋经历的双性恋男子"，结果这句话成了我最愚蠢也是最被人过度引用的发言，说不定到了最后还会被刻上我的墓碑。我为当初那位口出此言的年轻人深感遗憾，他太天真了。因为他并不是在撒谎，也不是信口开河，而是他未能认识到，一旦涉及诲淫的主题，现代媒体就绝不会给语义的微妙性和细微差别留下哪怕一丁点空间。如果你要通过媒体对大众发言，那就必须把话说得简单明了，否则你的本意将会被闷死在曲解的潮水之中，正因如此，世界上才源源不绝地涌出那么多毫无创见的傻瓜大谈要如何"拯救摇滚乐"，不然就是如何"毁灭摇滚乐"云云。当然，那句名言连同我的本意一起已经流传开来，或许我只是在假惺惺地装作没有看到，或者拐弯抹角地埋怨它没给我带来什么好处，但我还是忍不住愤愤不平：就因为这一句话，有些人干脆给我贴上了"双性恋"的标签，而实际上我想表达的却是我的欲望不应被非此即彼地归类。至于说更广义上的雌雄同体和性的边缘含义有什么吸引我的地方，那就在于尼采关于艺术是雄性和雌性结合体的思想。最早将这一思想介绍给我的是艺术家艾伦·琼斯（Allen Jones）的作品，尤其是《阴阳人》（*Hermaphrodite*）系列画作，大胆又迷人地表现了创作者集男性和女性特质于一体的天性。我的意图并不是将性粗俗露骨地展现给人看，亦非对1970年代华丽摇滚的庸俗致敬，当然更不是要无脑地挑起争议。坦白地讲，我认为在当时另类音乐界极度男孩化的幼稚保守风气之下，我的那句话成了一记靶子，所以才被媒体传来传去，无论怎么看都惊世骇俗、充满挑衅。它有点像可可·香奈儿（Coco Chanel）"世界上没有丑女人，只有懒女人"的名言，强有力地巩固了大众刚刚开始对我形成的看法，并且被局限在狭隘的定义里玩味，以至于更加难以摆脱。在乐队内部，它成了一道无处不在的阴影，一开始避无可避，久而久之就变成了一个笑话，到最后只让人觉得厌烦。有时候化解问题的唯一方法就是用幽默来转移问题，所以自从那句话有了自己的生命之后，我们便开始用"从未爆过胎的自行车"来指代它。唉，反正当时感觉很搞笑就是了。

当我回望往昔，回想当年的自己，我开始确信本书背后还牵扯着另一层动机。说出来有点奇怪，但或许我想表明的是，我是个感性之人而非性感之人。我意识到这话听上去有些自相矛盾，但在某种层面上，我不过是单纯地想要抹消自己的性别，模糊一切界限，摒弃性别的限制，仅仅作为一个纯粹的人——既非男人也非女人，既非异性恋也非同性恋，更非双性恋——来呈现我的作品。毋庸置疑，我们比较内省的歌譬如《来世》(*The Next Life*)、《安眠药》(*Sleeping Pills*)和《默剧马》等都更倾向于"性别中立"(gender neutral)——盗用现在人们常用的一个短语。感觉我越是费口舌解释我的动机，听起来就越不真诚，给自己挖的坑也越来越深。总之你怎么想都行，反正我的初衷往好了说就是天真，往坏了说就是笨拙，没能认清媒体及其漠视细节的本性。

比被议论更糟糕的唯有不被议论

音乐在酒吧烟气弥漫的后室里鼓噪，我在拥挤的人堆中间蠕动着，橡胶鞋底一粘一粘地踩着灰蒙蒙地板上干掉的馊臭啤酒渍，费力地挤到吧台。然后我意气风发地朝酒保打了个手势，伸出手中一张皱巴巴的五英镑钞票。就在此时，我看到在吧台另一侧有个女孩朝我这边斜睨了一眼，她的眉毛戏谑地一挑，下巴带着些许轻蔑微微上扬，一抹微笑闪过她美丽的脸。待我付了酒钱，我们之间的人群稍稍散去一点以后，我忽然发现她不知何时已移到了我身边。我转头看着她，与那双淡蓝色的眼睛四目相对，最后她终于开了口："你就是山羊皮的主唱？""是。"我扬扬自得地答道，视线在她颧骨周围皮肤上散布的淡淡雀斑之间徘徊，脑中已经开始幻想她的嘴唇印在我唇上的触感。"我就觉得你是，"她回道，"我认为你的乐队是坨屎。"

一支乐队必须持之以恒地创作，持之以恒地录音，或者持之以恒地巡演。这三者组成了乐队自我定义的"圣三一"[1]，是乐队唯一可被接受的存在方式。通过这种方式，他们像鲨鱼一样一往无前，永不停止游动，永远隐秘、敏捷、勤勉。我们在心里默认了这条原则，行动上再接再厉，计划将《金属米奇》（*Metal Mickey*）作为下一支单曲发行。然后怀着满脑子成功的幻想，装备好拨片和迪克塔风（Dictaphone）录音机，我们被匆匆打发到协议录音室，由艾德·布勒再次担纲制作人。不过这一次我们将学会一个道理：公式化做法并非任何时候都适用。我们录的第一个版本在我看来是仿照《溺水者们》的模板做的，很轻，很流行化，让人失望透顶。不知为何，也不知是艾德还是伯纳德决定在主节奏吉他之上再叠加一系列原带加录，致使整首歌听起来没有任何突破，完全背离了现场版本的灵魂——那种生猛质朴、近乎淫荡的搏动。做音乐就是这样，一部作品的力量有时偏偏和呈现它的元素数量成反比。所谓"菲尔·斯佩克特"[2]式的以重复叠录创造宏大效果的手法最后常常只能织出一张空洞无力的音网。有时候真的，少即是多。

当我坐在录音室控制间里随处可见的黑色皮沙发上，听着雅马哈NS-10扬声器里播放的混音时，心里不禁生出了许久未曾尝过的挫败感——那种对自己的作品大失所望的酸楚滋味。在那个罕见的思路清晰和开诚布公的时刻，我们一下子就意识到自己做出的东西完全不够出彩。于是所有人在富勒姆的梅森鲁吉录音

---

1 Holy Trinity，基督教术语，又称"三位一体"或"圣三角"，即圣父、圣子、圣灵为同一本体。

2 Phil Spector，美国传奇音乐制作人，摇滚乐"音墙"技术的开创者。

室（Maison Rouge Studios）重新集结，用截然不同的方式重录了一遍。这一次，我们选择了更简单、粗糙的风格，更接近此前我们现场演出的效果。如果一切可以重来，我想我们应该跟随那时的本能走得更远一些。其实我私下里有点担心这张单曲唱片比不上《溺水者们》，也担心录音室版本的爆发力根本无法与现场版相提并论。结尾有几分刻意的声调变化我认为也有画蛇添足的嫌疑，现在听来依然让我蹙眉。它让整首歌听起来有点"米奇·莫斯特"[1]，落入了安全的复古流行之窠臼，而非它本应成为的凶猛噪音摇滚乐。但表面上我们还是装出对成果很满意的样子，随波逐流。不过于我而言，这张唱片的亮点是B面的《他死了》（He's Dead），算是山羊皮作品库里一堆遗珍中的遗珍。

　　有一天，伯纳德写了一首曲子，他称之为"狄克逊"，因为它蜿蜒震颤的吉他旋律让他想到一部老电视剧《警察狄克逊》（Dixon Of Dock Green）的主题曲。我绞尽脑汁就是无法为它找到合适的旋律和歌词来配。乐队经常在排练的时候把它过一遍，欣喜若狂地陶醉于其旋涡般的冲击力，而我则完全插不上手，只能窝在角落里一声不吭地生着闷气、自怨自艾。伯纳德对我的恼火与日俱增，怨我无法给他回应，因为他知道有一首伟大歌曲就藏在某个暗处等着我们，而我却迟迟找不到正确的道具去解锁。唱片公司为我在奥林匹亚展览中心的诺米斯录音室（Nomis

---

1　原文是"Mickey Most"，与英国著名唱片制作人米奇·莫斯特（Mickie Most）谐音。米奇·莫斯特为动物乐队（The Animals）、赫尔曼的隐士们乐队（Herman's Hermits）等1960年代早期"英伦入侵"时代的摇滚乐队制作过许多畅销歌曲，堪称老式的流行摇滚风格代表人物。

Studios）租了一个小创作间，每逢休息日的空闲时间，我都会待在那儿埋首于我的四轨便携录音机，一边呷着煮好的茶，一边对着麦克风哼唱半成形的句子。有一天，我像往常一样乘坐28路公交车去那儿继续捣鼓那支曲子。前一天夜里我去了一家闹哄哄的俱乐部，在房间后面一团醉醺醺的嘈杂对话声中，不知是不是错觉，我模模糊糊地听到有人说了两个词："动物硝酸盐"（Animal Nitrate）。这一词组既有童真的感觉，又隐含了黑暗的指涉，我一听就爱上了。在iPhone被发明出来以前，我总是习惯在口袋里塞一个笔记本随身携带。于是我立马冲进厕所，掏出笔记本，在闪烁的荧光灯下草草记下了那几个字，然后将一切抛诸脑后。第二天当我翻开笔记本的时候，它们就这样跃然在我眼前。有时候一个标题足以成为开启一首歌的钥匙，它会指示出一个主题，创作者只要闭上眼睛，像忒修斯跟着阿里阿德涅的线[1]一样跟着它走就行了。我跟随它的指引，看到了一幅阴惨惨的景象，其中有下沉的庄园、破败的房屋，以及扭曲变形、充满性意味的权力游戏。将歌词配上音乐之后，我欣喜若狂地发现晦涩的讽刺与奇拔的流行化钩子[2]居然融合成了一个怪异的整体。我一直居心叵测地企图用某种有毒的物质污染主流音乐——一开始谁也意识不到它有害，等到发现则为时已晚，《动物硝酸盐》在我看来正是完

---

1 "阿里阿德涅的线"是源自古希腊神话的一个典故：英雄忒修斯在克里特岛公主阿里阿德涅的帮助下，走进了关着半人半牛的怪物米诺陶洛斯的迷宫，他用阿里阿德涅给的一个线团做标记，找到了米诺陶洛斯并将其杀死。

2 hook，流行音乐术语，指一首流行歌曲里某一个让人听完后回味无穷的部分，可以是一段旋律、副歌，也可以是一段乐器演奏，或是任何能瞬间在听者脑中留下深刻印象的片段。

美无缺的载体。它或许并不是山羊皮最成功的歌，但从许多方面来看都可谓是我们最具决定性的时刻——它的歌词将它拔高成了某种意图的宣言书，在山羊皮的国度里，它就是非官方的国歌。

1992年秋天，《金属米奇》发售了，我们不屈不挠地继续踏上巡演的征程，逛遍了大不列颠的厕所，留下一堆撕裂的衬衫，带回了耳鸣；在伦敦，我们打入了牛津街的100俱乐部（100 Club）和维多利亚区的SW1等标志性的小型演出场所，面对挤得爆满的人群肆意宣泄狂气、挥洒汗水。《金属米奇》打进了单曲榜前20名，于是我们顺理成章地进了《流行之巅》[1]演播室，像几个傀儡一样装腔作势地走位，又登上了《新音乐快递》的封面，继而遭遇了一股全然陌生的势力：主流媒体。他们好像还摸不清我们究竟是何来头，大概也以为无须去认真对待。不出一年，我们就会在电视上被《仿制人》[2]，被大卫·巴蒂尔[3]和马特·卢卡斯[4]恶搞。对于我们那个时代的乐队来说，上《流行之巅》属于音乐生涯值得铭记的重大里程碑事件。和绝大多数同龄人一样，在无数周四放学后的蒙蒙雨夜，我都守在电视机前，目不转睛地盯着里面各种发型、各种瘾病华丽丽地轮番登场，以此消磨时间。所以轮到自己受邀登上那个舞台的时候，我的感觉就好像是打入了某个庄严肃穆、高高在上的隐秘圣所。当然现实总是一如既往地

1　*Top of the Pops*，BBC一档著名的音乐排行榜类电视节目。

2　*Spitting Image*，英国ITV电视台播出的讽刺木偶剧，1984年开播，1996年停播，在当时收视率极高。其内容是以夸张的木偶形象戏仿当时各种政坛和娱乐圈名人。

3　David Baddiel，英国喜剧演员、主持人。

4　Matt Lucas，英国喜剧演员、编剧，代表作包括BBC情景喜剧《小不列颠》（*Little Britain*）。

落差巨大：我们在一天早上被领到伯翰姆伍德镇一间狭小阴暗的化妆室，被迫在里面等了好几个钟头，对着几杯凉掉的茶水和一碟饼干呆坐在那儿，而各路当红偶像则在忙着带妆彩排，扭捏作态地转来转去，完善舞蹈动作。那次经历给我留下的最深刻记忆不是做动作、对口型的假唱，而是我们在食堂跟《东区人》[1]剧组的演职人员一起吃的一顿愉快的午餐——我们和亚瑟·福勒（Arthur Fowler）并肩而坐，一边嚼着烤土豆一边压低声音咯咯傻笑。虽然偶有反高潮的时刻出现，但毋庸置疑，我们已上到了一个新的台阶，不过如果我没记错的话，罅隙也正是从此刻开始出现的。早年当媒体开始对我们穷追不舍的时候，他们似乎总在乐此不疲地问同一个问题：你们怎么应对"压力"？山羊皮总是有一股子倔强之气，一旦感觉被人牵着鼻子走，我们就绝不会给出他们想要的答案，相反，我们会用轻描淡写的口吻打岔，用一些俗套的答案搪塞过去，比如"唯一的压力来自我们自己"或者类似的套话。但如今回过头来看，事实远非如此。就像水通过裂缝找到通路，压力也开始以一种意料之外的方式渗进了我们的世界。我记得就在那段时期，每次临近演出，我总是会很幼稚地染上虚幻的"疾病"，坐在更衣室又是咳嗽又是吐口水，活像漫画里的肺痨诗人，就这样一直到离开场只剩几分钟时才出来，在突然飙升的肾上腺激素作用下大步流星地奔上舞台。乐队其他成员对此没有表示过什么意见，他们大概认为我是在寻求关注，但也

1　*EastEnders*，1985 年开播的一部英国电视肥皂剧，后句提到的亚瑟·福勒是其中的主要演员。

有可能是他们意识到这是我复杂的自我防御机制在起作用，帮助我抵御那铺天盖地向我们压下来的期待——在内心深处我无论如何都不想辜负别人的期待，哪怕是演砸了，我也可以用身体原因来为自己开脱。

这一时期，光是陡然加快的生活步调就足以把人整得心力交瘁：我的日常被没完没了的通告填满，而我的更衣室则常年出入着一列列化妆师、法国记者，以及跑到后台希望"搭上关系"的美国大牌经纪人。一开始，这种超越现实的疯癫闹剧自然很有趣很新奇。我们跟他们所有人都保持着不即不离的关系，给他们取不是那么好听的绰号，还会搞些愚蠢的模仿秀。但没过多久，我们便开始感觉自己像牲口一样被人牵着从一个畜栏赶到另一个畜栏。值得注意的是，无论什么事情，无论表面上看多么令人向往，到最后都会变得稀松平常，甚至惹人厌恶。即便如此，我也向来很反感听到那些流行明星抱怨自己的生活——就像被宠坏的孩子一样无礼取闹，说穿了就是以居高临下的姿态对待一种无疑是充满魅力的生活，一种既逃脱了现实束缚又坐享财富与特权的地位。持续的媒体曝光和萦绕在我们身上的一丝坏名声或许不能说让我变得"大名鼎鼎"，但至少赋予了我一些辨识度。直到今天我依然常常反思自己一直以来所处的咖位，因为咖位的变化似乎反映了乐队本身的状况。我想任何一个公众人物都不太可能认清自己的名气究竟有多大，或者到底有没有名气。名气本来就属于无法量化之物，再加上个人的判断力会被自身经历扭曲，它也就变得越发不可估测。随着时间的推移，山羊皮慢慢游离到了主流之外相当边缘的位置，所以谢天谢地，现在我完全能够自由地走在拥挤的大街上，只偶尔有人投以不寻常的、热切的目光，但在1993年，如此简单的一件事却几乎不可能做到。人们对我的反应似乎特别两极分化，如今在一般情况下他们都比较淡漠，但有时候却会突然被激发出来势汹汹的热情，好在我已经掌握了礼貌应对这种状况的技巧。好吧，反正大多数时候我都应付得了。最初，当这种体验还很新奇的时候，它会让人感觉既振奋又有趣。上舞台表演音乐这一行为本身就是在满足自己的虚荣心，就好像是在说："看看我，了不起吧！"所以"名声"只不过是最初怀着纯真之心去大胆冒险之后的自然衍生品。还是那句话，有些艺术家秉持着所谓"我从来都没想过成名，我只是单纯的音乐人"的态度，我认为他们只是没有认清自己内心最深处的本能，没有诚实地面对自己，乃至表里不一。如果真不图名利，那你又何必走出自己的卧室呢？他们的本意其实是："我内心想要成名，但只能完完全全由我说了算，还要确保名气与成功不会给我带来任何恶果。"不好意思，现实由不得你做主。成功、名声……随你怎么称呼，它就是一位带刺的情人：不可预料、变化无常、水性杨花，且本质就有毒。它犹如童话里邪恶的王后，先是魅惑你，蒙着面纱对你百般挑逗，一旦褪掉外衣，它恶毒的真身便显露无遗。诚然，这个道理无人不知无人不晓，它早已被编入当代坊间故事的肌理，已成为不证自明的真理被脱口秀、杂志文章和电视剧用到滥俗。它印证了伟大的因果报应法则，告诉人们有盛必有衰。我们内心深处可能都不糊涂，但行动起来却又是另一码事。

就我个人而言，与名气的亲密接触将我变成了一个偏执狂，一个整天戴着棒球帽的可笑人物。如你所料，我最终走上了下坡路，一蹶不振，精神崩溃，毒瘾缠身。不过那都是后话了，你们还需稍待片刻才能进入那段欢乐的章节。

风格即省略的艺术

    我最开始考虑写这本书时恰逢冬日，在那些下着蒙蒙细雨的晦暗清晨，我总是翻来覆去地纠结一个问题，即我是否能将一场本质上并不算体面的斗争讲述得动人又富有诗意，尤其是……说实话，一个人越是成功，生活似乎就越是褪去了诗意与魅力——"越富有，我们就越是贫穷"，容我不恰当地引用马丁·路德·金的名言。从许多方面来说，要想取得成功，你必须牺牲掉自己的一小部分。我想这就是人们常说的"与魔鬼做交易"，虽然这个比喻的意象可能过于戏剧化，但我认为它的确含有一点现实的成分。当我不厌其烦地反思早年的自己是一个怎样的人时，我所看到的形象与后来乐队真正开始飞黄腾达之后我慢慢转变成为的那个人有很大区别。虽然我希望尽量避免不必要的怀旧，但一个人总是能从自己身上认识自己，所以我想也有必要偶尔回头看一看过去那个稚嫩而羞怯的男孩，找一找如今他还剩了多少在这里。当我们杀出了重围，在漫长崎岖的坡道上摸爬滚打的时候，我心甘情愿地献出了自己的一小部分，我的世界观变得越来越狭隘片面，局限在了故步自封的伦敦地下圈子里，再也无法自由驰骋、四处流连。美好的纯真心灵不复存在，取而代之的是刚愎自用的野心。我想此时有必要提一下玩乐队是怎样将人消耗殆尽的。你绝不可能只把它当成业余活动来做。即便是起步阶段，但当你奋力爬过独木桥的时候，生活就如同被唯一的神主宰，变得难以置信地单调，每一天都在无休止地追逐，向职业里程碑清单里的下一个关卡冲刺。你不是在工作就是在谈论工作，不是在谈论工作就是在想着工作。即便是睡着了，梦里你依然在工作。有时候当生活加速得过快过猛，活下来的唯一办法就是走到一旁去喘口气。但凡忘记了自己结队初衷的乐队都注定要走向分崩离析。然而初尝成名滋味的人难免会被冲昏头脑，此时你就像一个刚学会走路的婴儿，跌跌撞撞地奔走于满地亮晶晶的小玩意儿之间，很难将上述道理铭记于心。你开始学着成为另一个人，一个你到头来不会那么喜欢的人，集体创作音乐的纯粹快乐日渐消退，所有人都各自萌生出有害的异心。

当我们暂时从残酷的巡演中脱身，远离了围着我们打转的那帮奇葩军团以后，方才得到片刻的清净，这时我们退回到自己的避难所，做自己真正热爱的事——为我们的出道专辑集齐剩下的歌曲。就像多数出道专辑一样，它将主要由现场演出中最受欢迎的曲目组成，但由于我们冒失地扔了三四首好歌到单曲B面，所以需要新歌来补缺。于是伯纳德大显身手的时候到了。他为我们所有人注入了一股狂热的驱动力，一种不安现状、严于律己的意识，让我们认识到山羊皮如果创造不出新作品，就一文不值。这一理念从很早开始便融入了我们的骨血，如果说今天的山羊皮还有生命力和影响力可言，那在很大程度上都是拜它所赐，好吧，也拜他所赐。有一天，我晃荡到伯纳德位于西汉普斯特德的公寓里，我们俩泡了茶，聊起天来。他抓起他的红色吉普森（Gibson）ES-335吉他，开始弹奏他写的一段百转千回的琶音，其间穿插着纤细的颤音，然后不留痕迹地过渡到疾风骤雨的激烈副歌。我开始用假声跟着主歌哼出一句歌词，之后迅速把它录进了我的一台迪克塔风录音机——我有很多台这种录音机，平常我会跟着乐队排练时胡乱弹的曲子，用尖厉的颤声对着它哼唱半成形的歌词。那首歌最终成了《她没有死》（She's Not Dead），而我为它填的歌词则是关于一段往事——关于1980年代初我姑妈吉恩的死。而在那个秋高气爽的午后，伯纳德弹着吉他，我望着窗外洒下的落叶，耳畔响着暖气片的滴答声，那一幕永远地定格在我的脑海里，成为一段美妙又朦胧，或许还有几分伤感的记忆，象征着我们早年甘之如饴却总被人忽略不计的和睦时光。我还记得我们俩在一起工作时那肃然而生的敬意，那向着共同的目标前进的意识——意识到某种特别之物又一次像魔法一般闪现在我们的指尖。那一年我生日那天，不出意料，我又跟艾伦在穆尔豪斯路上彻夜狂欢，跟我们一起的还有当时似乎总是黏在我们身边的一群不知打哪儿来的怪人。最后他们都跌跌撞撞地离开之后，我和艾伦瘫倒在我们破旧的沙发上，一边抽烟，一边听着音乐。这时忽然响起了一声敲门声，我打开门，发现伯纳德和索尔带着礼物站在门前。我的意识大概没剩下多少，但还是领着他俩上楼，给他们泡了茶。他们坐下来开始聊天，我则摇摇晃晃地站在一旁，努力让双眼聚焦。那阵子我买了一台便宜的老立式钢琴，拆掉了它的上门，让里面的机械装置暴露出来，以模仿"二战"前流行的皮阿诺拉自动钢琴（pianola）的感觉。过了一会儿，伯纳德坐到它前面，开始弹他写的一首优美细腻、华尔兹般轻盈婉转的曲子。他弹钢琴的样子无与伦比——天真又魅惑，还有些小心翼翼，仿佛在设法赢得这台乐器的欢心。他举手投足之间流露着一种无师自通的气质，看上去就像小孩子在上钢琴练习课，叫人叹为观止。后来他告诉我，那首曲子是受了贝多芬《月光》奏鸣曲的启发而作。等我清醒过来以后，立即开始为它写歌词，这就是后来的《来世》（*The Next Life*）。在它诞生之前，因为被尼尔·杨（Neil Young）的专辑《淘金热后》（*After The Gold Rush*）朴实无华的结束曲打动，我们讨论过要用一首更短小、更静谧的歌曲来结束专辑——它要不同于标准的吉他摇滚乐，以给听者留下喘息的空间。现在有了《来世》，我们感觉终于找到了理想的结束曲。

我们已于当年早些时候在伊斯林顿路上的天使录音室（Angel Studios）进行了几场录音，但直到转战基尔伯恩大路路口的石头大师录音室（Master Rock Studios）之后，专辑才开始现出雏形。那段日子给我留下了美好的记忆片段：我口袋里装着削尖的铅笔，脚上穿着破洞的鞋，怀着满心的希望和满脑子的兴奋跳上31路公交车；还有一些小事，比如当我赶到目的地时因发现洗手间里竟然有肥皂而大感新奇；还有坐在控制室里，一杯又一杯热茶在身边冷却，《默剧马》宛如迷宫般的迤逦吉他前奏像青烟一样在空气中袅袅盘旋。那是山羊皮的一段激情岁月。虽然还没有出现任何接近现象级的音乐风潮，但我们都真心实意地怀有一种共识，即山羊皮绝不只是又一支普通的乐队在制作又一张普通的专辑，而是正站在某个大事件的最前线。今天再把我们那张出道专辑放到历史背景里去看，显然一眼就能看到它如何引领了1990年代的吉他流行乐运动，然而我也清清楚楚地记得在它的制作过程中，我们被一种汗毛直竖的战栗感附体，内心充满一股诡异到几近癫狂的激情，感觉自己在做一件有价值的事——远比我们自身以及那些鸡毛蒜皮的私人肥皂剧要来得重大。我还记得我有种被裹挟而去的美妙感觉，将所有不愉快的事通通抛在身后，就像是狄更斯小说里那些被拯救了的幸运男孩：奥利弗·崔斯特在布朗洛先生的房子里一觉醒来，发现阳光从窗外流淌进来，关于比尔·赛克斯的记忆仅仅是一片遥远的阴影。[1]想必我们每个人都心怀感恩之情，对什么或对谁感恩我不清楚，但在一点一点攻克那张唱片的过程中，我们的脸上时常洋溢着一抹微笑，让人屏息的使命感时刻在驱使我们前进。

　　然而还有两三个缺口需要填满。有一首歌带有简洁的布鲁斯风味，因此歌名暂定为《石头风》（Stonesy）[2]，它尤其叫我摸不着头绪。但鉴于《动物硝酸盐》用了不少时间才找对感觉，我们都

1　英国作家狄更斯的小说《雾都孤儿》（Oliver Twist）讲述了在孤儿院长大的主人公奥利弗·崔斯特误入贼窝，被迫与比尔·赛克斯等恶徒为伍，历尽无数辛酸后在布朗洛先生等善良人的帮助下逃脱，过上了幸福的生活。

2　歌名中的"石头"指的应该是滚石乐队（The Rolling Stones，常简称 the Stones），其音乐有很强的布鲁斯风格。

相信这首歌也值得耗费工夫去追逐。那段时间我邂逅了一位艺术家，她是个性情多变、暴风雨般的年轻女子。我和她展开了一段常常如烈火般炽热的疯狂恋情，搞得人心力交瘁。有一次，我们一起去了趟巴黎，然后回到穆尔豪斯路，那儿正在进行日常的24小时派对，迎接我们的是艾伦赶尽杀绝的纵情狂欢。不可避免地，我们都折腾到身体透支。到了凌晨时分，她晕了过去，像一麻袋土豆摔到地板上。在这令人窒息的绝望关头，我们惊恐地尝试让她恢复意识，汗珠一串串从我额头上滴落，我仿佛看到毫无节制的生活方式向我们露出了狰狞的一面，而生命的脆弱就那么赤裸裸地展现在我的眼前。值得庆幸的是，艺术家女士最后醒了过来，但这一事件让我深感后怕。几天后，我将当时的体验融进了一首歌里，它就是后来的《如此年轻》（*So Young*），一首关于享乐、死亡、希望和肆无忌惮挥霍青春的歌。待我的演唱部分录好以后，大家退后一步评判了一下，发现还缺少某种元素去调和它简单的摇滚内核。于是艾德挺身而出，贡献了一段唯美抒情的钢琴——如果让我说实话，我怀疑他有点借鉴了迈克·加森（Mike Garson）在《阿拉丁·赛恩》（*Aladdin Sane*）一曲中天马行空、无拘无束的钢琴独奏。事实上，恰好在那段时间，我在《新音乐快递》策划的一次联合访谈中与《阿拉丁·赛恩》魅力慑人的作者[1]面对面时，非常激动地播放了《如此年轻》给他

---

1 《阿拉丁·赛恩》是英国传奇歌手大卫·鲍伊（David Bowie）的同名专辑主打歌，由鲍伊创作，因此这里的作者即大卫·鲍伊本人。另外，鲍伊和安德森的联合访谈文章刊载于 1993 年 3 月 20 日和 27 日的《新音乐快递》。

听，还告诉他说"这首歌有你很大的影子"。艾德是作曲家之子，也是一名受过专业训练、颇有实力的键盘手，还有一个信息摇滚乐专家可能会知道：他在1980年代曾为迷幻皮草乐队（The Psychedelic Furs）伴奏。他的演奏引出了音乐里真正的诗意，为《如此年轻》添上了画龙点睛的一笔。我们喜出望外，立即将它定为专辑的开场曲。录制演唱部分时，我在歌曲进入主段落之前尖声喊了几个不知所云的词，以创造一种放浪不羁的登场氛围，意图用迫不及待的叫喊来表达亢奋之情。我越想就越喜欢这个捣蛋的主意，于是决定把它保留在最后的混音里。这一段让我如此无法割舍的原因在于：它会让一张很有可能造成巨大话题性的唱片以谁也不懂的语言开头。我想象着记者们又是倒带又是拿起笔在纸上乱画，同时抓耳挠腮、将耳朵贴在扬声器上的样子，不禁暗自发笑。

坦率地讲，我认为这张出道专辑并没有达到它本可以达到的高度。如果我们足够有远见，把《动物爱人》（*Animal Lover*）等无足轻重的凑数曲目拿掉，换上那一时期随便哪几首B面歌曲，它都能成为一张更好的唱片。另外，透过奇妙的后见之明来看，我发现它的声音有点单薄，原带加录有点多，折损了现场版的冲击力和未经打磨的锋芒。这种被戏称为"可卡因耳朵"的现象可能在一定程度上要归咎于整张专辑缺乏厚重的贝斯打底。但不管怎样，想必艾德一定将我们视为一支能突破标准化摇滚乐之边界的乐队，并将自己更宏大的愿景投注在我们身上，认为我们有潜力将其展现出来。对于《安眠药》和《如此年轻》这样的歌曲而言，他的方式奏效了，但一些不那么细腻的歌，比如《移动》，就毁在了对花哨录音技术的幼稚尝试，以及对歌曲自身的优势与长处的根本性误解。请勿将我这些话理解成是对艾德的贬低，因为显然没有人强迫我们接受他在唱片制作方面的决定，但我想，一个人若要回顾自己一生的作品，那就有必要诚实地面对自己的看法，如果不认清失败，有目共睹的成功就毫无意义。不过那张专辑有一种我至今依然很喜欢的感觉：它既有声嘶力竭的怒吼与咆哮，也不乏如泣如诉的低吟，还以一种不同寻常的方式抓拍到了我们在人生那一瞬间的真实面貌——年少轻狂、野心勃勃、一身破绽。在那些自命不凡的时刻，我时常会飘飘然地认为这张专辑就像是对着约翰·梅杰[1]治下的英国举起了一面破裂的镜子，捕捉到了它死气沉沉的一面，映照出一幅破碎、冷漠的世界之景，也传达了作为贫困、边缘的弱者活在其中是怎样的一种感觉。

回顾往昔，人们总是忍不住去假设人生另外的可能性，我亦常常将第二张单曲唱片的选择看作山羊皮音乐生涯中一个有趣的"滑动门"时刻[2]。原本伯纳德和我——尤其是我——迫不及待想要发布的是《安眠药》，因为从这首歌可以一窥我们的野心有多大，我们最终想要走多远、想达到什么样的格局。然而，抓耳的口水歌《动物硝酸盐》一出世便压倒了其他歌曲的声音，于是计划发

---

1 John Major，英国政治家，从 1990 年到 1997 年担任英国首相。

2 sliding doors moment，指看似微不足道却能改变未来轨迹的时刻，这个比喻源自 1998 年由格温妮斯·帕特洛主演的电影《滑动门》(Sliding Doors)。

生了变化。有一天，在石头大师录音室的桌球台边，索尔鬼鬼祟祟地凑了过来，挑明了他的意见。从唱片公司的角度以及从短期来看，显然正确的做法如他所言。《动物硝酸盐》虽黑暗但上口，虽聒噪但抓耳，若以排行榜成绩和电台累计播放量来论，将它作为单曲发行绝对是正确的决定。可我却忍不住设想如果当时我们呈现给大众的不是它，而是我们更纤细入微的一面，我们后来又会走向何方。山羊皮的核心一直分裂成两面，多年来我们既被其所累，又从中受益。作为创作者，我们总是能在简单的流行钩子和宽阔的叙事图景之间来回切换，这一点固然成就了现在的山羊皮，却似乎给对我们只有一知半解的路人造成了困惑。我的意思是，山羊皮本来有两条路可走，而我们走了其中更顺理成章的一条。走另一条路会不会对我们更好？这个问题虽然永远无解，却常常让我陷入无言的深思。像这样的决策时刻之所以让人念念不忘，是因为虽然决策本身并非艺术，却自带一种创造力。在新闻行业，编辑的选择性报道或选择性不报能够改变一篇文章传达的信息，同理，唱片公司的行为亦极具创造性，足以从最根本上塑造并定型一支乐队的公众形象。

　　随着大众的期望像雪球一样越滚越大，1993年新年伊始，我们收到了全英音乐奖（Brits）的一纸邀请函，邀请我们在即将到来的2月颁奖礼上表演。这个时间点似乎正好跟《动物硝酸盐》的预定发售日重合。由于我们依然对成功和曝光如饥似渴，也尚未理解"风格即省略的艺术"这一箴言，于是决定接受邀请。我从未对全英音乐奖有过任何好感，以前没有，以后也不会有，想必感觉也是相互的。在我看来，它奖励的是销量而非艺术，是排场而非内容，不过是一场浮华的作秀，一轮虚有其表、贪得无厌的自我展示，一屋子吃得过饱的男人和打扮过头的女人轮番发表穷极无聊的讲话。我们穿上褪色的二手衣服，胡乱染了一下头发，就这样穷酸地闯入派对，开始了我们狂放不羁的砸场式表演。最后我们丢下乐器，带着一肚子肤浅又傲慢的怒火，气势汹汹地冲下舞台。全场的人摇头瞪着我们，正中我们下怀。格格不入的感觉如此美妙，身为光荣的搅局者我们尽兴狂欢，好比粥里的苍蝇，苹果里的蛀虫。整件事在当时感觉傻得可笑，但现在回想一下，它着实放出了一个危险的信号，某件重要的事仿佛呼之欲出——我们与音乐产业的关系将永远无法调和。

希思罗的早餐

皮卡迪利线哐当哐当的老旧地铁车厢缓慢上行，进入希思罗机场第三航站楼站，我苍白如蜡的皮肤在车窗上映出的鬼魅倒影随即切换成人工照明的站台上闪烁着的管状钠光灯灯光，以及伦敦地铁标识那熟悉的标志性纹章。我的手指擦过尼龙座椅套的粗糙毛面，摸到了我的蓝色塑料购物袋。这就是我人生第一次美国之行的"行李"：里面只装了几条干净内裤、一本折了页的《一个瘾君子的日记》（ *The Diary of a Drug Fiend* ）、我的笔记本，以及我做了准备带到飞机上吃的一个芝士泡菜三明治。由于习惯性迟到，我没时间洗头，只是抹了一层碧缇丝免洗香波，现在全结成一块一块的，像蛛网一样粘在我自己在家染坏了的头发上，让我整个人看上去活像剪刀手爱德华和郝薇香小姐[1]的杂交体。即

1　剪刀手爱德华是蒂姆·波顿（Tim Burton）导演的电影《剪刀手爱德华》（ *Edward Scissorhands* ）的主角，是一个长年幽闭在古堡中、有一双剪刀手的机器人；郝薇香小姐则是狄更斯小说《远大前程》中的女性角色，在新婚当晚被抛弃，之后一直穿着婚礼当天所穿的婚纱生活在古堡中，几十年不见阳光。

便受到全世界所有大唱片公司的追逐，我依然没有足够的钱给自己买双合适的鞋，所以在那个潮湿的夏日，人行道上积的一洼洼雨水透过鞋底的破洞打湿了我的袜子。我不紧不慢地向我们约好会合的那个航空公司服务台走去，并没有觉得时间很赶。但当我走到那儿的时候，却发现只有我一个人。我随意地瞥了一眼时钟——那天下午我第一次看时间——我的航班已经飞走两个小时了。

命运之风似乎正在带着我们一路飞升。专辑发行以后，当我们奋斗在人生第一次横跨大西洋的巡演征途上时，《动物硝酸盐》已杀进了单曲榜前十，成了一首名副其实的热门单曲。随着这首歌在英国广播公司第一电台（BBC Radio 1）被密集播放到泛滥的地步，我暗藏的野心——向主流音乐圈的心脏部位发射一封淬毒的信——终于得偿。奇怪的是，电台主持人们似乎都没有注意到歌词里暗藏的拐弯抹角的含义，甚至也没有意识到歌名对麻药的明显指涉[1]——或许就是因为太明目张胆了，才得以"藏匿于大庭广众之下"。真不可思议，只要有一个流行的钩子，你在歌里夹带的私货就能逃出生天，久而久之它就会像寄生虫、像毒药一样钻进大众的意识，被他们随口哼唱出来。我曾听说过一个不知真伪的传言：凯特·布什（Kate Bush）的《眼睛里有孩子的男人》（*The Man With The Child In His Eyes*）写的其实是手淫，但

---

1 歌名"Animal Nitrate"与一种常用作兴奋剂的吸入剂药物亚硝酸戊酯（amyl nitrite）谐音。

放进整首歌饱满丰富的编曲里一听，就感觉巧妙得似浑然天成，在我脑海里激起了一连串的联想。不过对我来说，真正的宝藏又埋在了B面。这次的B面曲目是《大日子》(*The Big Time*)，我试图在其中剖析成名的后果，严肃地讲述那些被名声抛弃之人的故事。我在生活中看到过这种事，所以此曲的创作与我对自己身边发生之事的看法形成了强烈共鸣。小有名气并不意味着我就跟其他成功人士交上了朋友。事实可以说是恰恰相反，我一直窝在艾伦和塔姆金·德鲁 (Tamzin Drew) 这些老熟人组成的舒适圈子里，比起外面反复无常、不可预测且永恒变化的世界，我觉得他们才是我的信任所在。我亲近的朋友不是在领救济金，就是在炸薯条店打工，再不然就是在办公室低声下气地打杂，所以可想而知，身份的激变开始不时地造成了某种变化——也许算不上是让人不舒服的差异，但肯定有一种异样的不平衡感。我在歌里探讨的正是此种感觉，后来的《摩天楼之上》(*High Rising*) 也或多或少地延续了这一主题。媒体把《大日子》理解为我们对斯科特·沃克[1]的致敬，但有趣的是，当时无论是伯纳德还是我，都对他的作品没有任何实质性的了解。说到歌词的参照对象，有段时间J.G.巴拉德[2]也是个常冒出来的名字，但我必须再一次惭愧地承认，在那之前我从未读过他的书。也许这些影响是通过其他途径渗透给我们的，或者还有一种可能：艺术家并不是在任何时候

---

[1] Scott Walker，1943—2019，出生于美国的传奇创作歌手、唱片制作人，也是1960年代"英伦入侵"运动的重要乐团之一沃克兄弟 (The Walker Brothers) 的主唱。

[2] J. G. Ballard，英国科幻作家，代表作有《摩天楼》(*High Rise*)、《撞车》、《太阳帝国》等。

都会"参考"别人的作品，虽然我们的后现代世界就是无数面镜子组成的荒原，在这里将一切都分门别类会更方便。在动物学里有一个现象叫作"趋同进化"，即两个物种沿着各自不同的进化之路向同一个方向演变成非常相似的动物，我想艺术也是同理。

　　遵循唱片业悠久的传统，这张单曲唱片带动了专辑的发行，然后专辑迅速冲上了排行榜榜首，卖出了非常不错的销量。就这样，我们渴望的一切都梦想成真。我永远都记得我把消息告诉西蒙的那一刻。那是个星期天的下午，我们正在英国巡演途中，住在利兹还是哪儿的一家酒店里。我重重地敲响他的房门，迫不及待要告诉他我们有了一张冠军专辑，结果发现他正在浴室的小洗手池边弯着腰绞拧他的内裤，活像是屯溪寡妇[1]。我们俩欣喜若狂，明星光环突然砸了下来，与乏味的日常发生了离奇的碰撞，那一幕有些反高潮又有些好笑，诡异地象征着山羊皮最核心的内在矛盾。然而很快我们就会明白一个道理：达成目标的那一刻永远都不会是终点，虽然启程之前你可能以为如此，但无法填满的欲壑会让你认定前方总是有新的障碍等着你移走，新的领土等着你去征服。瘾君子似的饥渴驱使着你不由自主地重复同样的行为，无休止地追逐越来越大的诱惑，以满足自己对功名利禄、对更高的排行榜位置、对更热烈的媒体评论等的渴望。我们贪念的对象永远都是跟我们玩着捉迷藏的下一首歌，我们满房间地追逐它们，就像追逐着变幻不定的银色蝴蝶。可是当无法达到业界期

1　Widow Twankey，英国传统默剧《阿拉丁》中的角色，改编自《一千零一夜》中"阿拉丁神灯"的故事。剧中的屯溪寡妇是主角阿拉丁的母亲，由男扮女装的男性演员扮演，以达到喜剧效果。

待的事实莫名变成一种公开的耻辱时，我们开始身不由己地委身于那台庞大而疲钝的机器，成了几枚助推的齿轮。那台机器沉重地向前开进。我们被打包送上没完没了的短途巡演，奔波于全国各地，随后巡演的范围逐渐扩大到整个欧洲，最后终于开到了美国的土地。结果正如许多自鸣得意的旁观者所做的无趣预言所示，事情就是从这里开始脱线。

我们跟裸体唱片只签了两张单曲唱片的合约，所以有几次被觊觎我们的唱片公司邀请到美国做客，以诱使我们签下一纸专辑合约。在那儿我们度过了许多嗨飞了的下午，躺在马里布海边别墅里的吊床上，被扎着马尾辫、巨婴一样的唱片公司高管推着摇来摇去；或是在曼哈顿的街头被长得可笑的加长豪华轿车接走，听他们用眼花缭乱的承诺和数额吓人的预付金忽悠我们。有一天在洛杉矶，我们住在日落大道的蒙德里安酒店（Mondrian Hotel），到了下半夜忽然被一场地震惊醒。对于从未经历过地震的人来说，那感觉真是怪异到了极点，如果非要用语言形容，我只能称之为一种摸不着头脑的恐惧。在最本能的层面上你知道发生了一件应当感到恐惧的事，但在大脑处理完这种感觉以前，你就是不明白为何要恐惧。我最难忘的记忆是醒过来发现整个房间都在乒乓作响，然后穿着T恤和内裤从紧急出口冲到楼下大堂，看见西蒙已经在那儿了，穿戴得整整齐齐，还带着打包好的行李。而伯纳德显然被迷惑和恐慌冲昏了头，居然打电话到我们经纪人的房间，命令他"让它停下来"。在那一时期，围绕我们的合约追逐战愈演愈烈，甚至有位艺人统筹[1]像B级片里的间谍一样跟踪我们到了纽约，跟我们住进了同一家酒店，期望能"偶遇我们"并借此搭上关系。为了得到跟我们接触的机会，他无所不用其极，最后居然自贬身价在一场演唱会上自愿为我们销售T恤。至此，整件事变得有点荒唐了，有点像电影《摇滚万万岁》（*This Is Spinal Tap*）中阿蒂·福夫金（Artie Fufkin）的桥段[2]。虽然整件事感觉很新奇，但我们从头到尾都能抱着一种良性的不屑之情来看待它，因为我们看穿了其中的真相——一切不过是肤浅的三分钟热度，更关乎残酷的生意，不能解读为我们的作品有多受人追捧。那帮越来越不正常的戏班子里唯一让我们真正感觉亲近的是个说话柔声细气、脑子很聪明的纽约人，名叫凯文·帕特里克（Kevin Patrick），待人和善，睫毛又密又长。当时他在美国华纳唱片工作，属于那种发自内心疯狂热爱音乐的人。他还会坚持不懈地在路上寻找流浪猫，用自己吃剩的午餐喂它们。多年来，凯文一直是我们乐队的一位密友，无论何时碰见他，他都是那么值得信赖。

　　漫长的巡演着实富有挑战性，会将你的耐心和耐力磨穿，还很考验乐队成员关系的界限。错乱的失常体验与死板的日常流程怪异地混为一体，你可以放纵兽性释放激情，但需要遵守严格的

1　艺人统筹部（artist and repertoire，A&R）是唱片公司的一个重要部门，主要负责发掘、训练歌手或艺人。在很多情况下，艺人统筹还需负责与歌手签订合约、为歌手寻找合适的歌曲和唱片制作人，以及安排录音计划和演出等。

2　《摇滚万万岁》是1984年的一部伪纪录片，讲述电影导演马蒂跟团服随拍了一个杜撰的英国摇滚乐团 Spinal Tap 在美国复出巡演的过程，对当时的摇滚乐圈进行了尖锐的讽刺。阿蒂·福夫金是片中一个无能的巡演推广人。

时间表。以史为鉴，对于某一特定类型的乐队来说，去美国巡演向来可被看作一场极其严酷的试炼，其原因除了美国过于幅员辽阔之外，主要的还是文化差异太大。1970年代，性手枪乐队就是在旧金山时内部失和，我印象中有很多观察家都不无道理地将我们与他们相提并论：我们两支乐队都出身于狭隘排外的英国音乐圈，都在这个沸腾的熔炉中锻造出了习惯性的歇斯底里，于是有不少人好奇这一特质如果移植到美国更大、更分裂的环境中将会表现如何。然而事实却是，我们在美国的大部分演出都很成功，久负盛名的"东西海岸"自不待言，就连在更深的内陆地区也不例外。我们有一帮狂热的拥趸，一场接一场地追着我们跑，那阵势就好像狂欢节的游行队伍。我得澄清一件事：我们一直都很喜欢在美国演出，而且我们的出道专辑在美国卖得相当好，虽然外界普遍有种相反的错觉。不过伯纳德似乎是个特例，在美国待得越久，他就越想家，也越抑郁。或许从某种角度来说，美国歪曲了我们在他眼中的真实面貌，将我们的形象变得夸张：就像几个卡通人物，舍弃了仅剩的一丁点节制，任由音乐产业摆布，并随之变得贪婪、功利、麻木不仁。并非我们本性如此，只是为了安然度过那趟让人备受煎熬、痛苦不堪的旅程，我们不得不假扮成那样的角色。诚如塞缪尔·约翰逊（Samuel Johnson）所言："若把自己变作野兽，就摆脱了为人的痛苦。"

　　有趣的是，我想乐队其他人一开始是没有注意过歌词的，直到专辑发行，他们拿到歌词本以后，方才明白我具体唱了些什么内容，同时初次意识到自己究竟加入了怎样的一支乐队。我从未刻意回避谈论歌词，如果其他人想知道，我当然乐于讲解，但他们几乎从来不问。他们似乎很信任我，将这方面的工作留给我全权负责。当然歌曲的大意他们肯定早就有所觉察，这一点我敢保证，有时候他们也会说"啊，我喜欢那一段"之类的话，西蒙甚至还会拿几句词来打趣，胡乱给它们安一些解释。但我们从来都不会刻意坐下来一起讨论"我们歌词的含意"——山羊皮不是那种乐队。我们只是放任自流，不去自寻烦恼地质疑什么，尤其是当一切看上去都顺风顺水的时候。然而专辑一发行，里面涉及的所有主题立刻暴露在光天化日之下，一轮新的解读随之而至，并通过媒体和歌迷的反应呈现在其他成员面前。就是这么搞笑，在音乐生涯的这一关键时刻，你连自己是什么样的乐队都不知道，还要由外人来告诉你，而且外人给出的答案往往会有点出乎意料。我想，一些更阴暗、更病态的主题经过对色情趋之若鹜的媒体放大之后，恐怕让伯纳德尤感不适。更有甚者，乐队还变得越来越"妖冶"——缺一个更好的形容词——这是我们乐队的特点，我猜也主要是我的个性被人着重挑了出来并反射到我们这个整体身上。越发火上浇油的是，我很天真地接受了几次媒体采访，其中我表现得没心没肺又没脑子，愚蠢地迎合了他们的想象：花花公子、虚有其表的英伦纨绔少爷。我为曾经犯下这样的错误而深感后悔，因为那些原型太过强大，宛如有了生命一般任意生长，直到最后将你吞没，千丝万缕地缠绕在你的形象上，让人厌恶却摆脱不了，几乎就是荣格所说的"化身"。

　　或许现在是时候讨论一下本我与人设的问题了。

本我与人设

流行音乐圈里的每个人都会成为卡通人：一个按照他们本人虚构出来的角色，部分来源于真实的自我，部分参照了某个简单化的原型。多年来我一直着迷于一个现象：真实的你与别人眼中的你之间存在的鸿沟。我意识到就像我所有同行一样，随着时间的推移，我逐渐在自己周身树立起一个形象，由副编辑的标题[1]、半真半假的报道以及流言蜚语层层编织的一副朦胧的壳，于是有些人可能就此认为我是个难以接近的人，目中无人又自命不凡。坦率地讲，在创造此形象的过程中，我也是同谋之一。人们常说"魔鬼拥有最动听的旋律"，所以我的形象隐隐透出的危险气息与我们歌曲内在的黑暗气质似是浑然一体。当然，我也意识到如果想让形象拥有生命力，就必须在其中注入真实的元素。简化则是这套生产系统的流程之一，使大众能够将铺天盖地的信息分门别类，排除现实中各种灰度的干扰来看待事物。然而有的时

1　在英国报纸的编辑流程中，副编辑的工作职责之一是为记者撰写的报道文章拟定标题。

候，人设会活过来，脱离你本人和你的掌控，就像滥俗恐怖片里面腹语者操纵的傀儡娃娃一样被鬼上身，你会感觉真实的自我被那个冒牌货扼住并压抑下去。这种说法听上去可能太戏剧化了，也太怨天尤人，但这并非我本意——从选择拿起吉他或跳上舞台开始，你签署的合约就一清二楚地摆在面前，没有看到其中的附属细则就等于主动放弃了抗议它的权利。我不打算费力为自己辩护，把自己说成是什么阳刚向上却被人误解的英雄，因为这么做本质上也是一种还原论[1]，但我认为还是有必要指出，真实的人类在定义上比其附属的人设传递给外界的印象要复杂得多。在文学世界里，我也常常被那类复杂的主人公吸引，比如塞巴斯蒂安·福克斯（Sebastian Faulks）的小说《鸟鸣》（*Birdsong*）中的斯蒂芬·维斯福德（Stephen Wraysford），身处无数度灰色之中，居于舒适的极端确定性，即绝对的对与错之间。然而在流行音乐里，灰色地带却是难以占据的领域。流行乐世界的人设是强加于人的，但凡上过舞台或接受过采访，甚或是只唱过一首歌的人，都无法逃过它的加工。人设是一种必要的工具，让藏在面具后面的个人能更自由地放飞自我，同时获得面对人群的勇气。艺术家吉莉安·韦英（Gillian Wearing）针对这个主题搞过一些有意思的创作，比如她曾鼓动陌生人戴上化装舞会的面具隐藏身份，匿名说出他们心中的恐惧。参与者们因此得以自由地表达自己的想法，且不会因暴露"真实"身份而引发各种后果。流行明星的情

1　一种哲学理论，认为世界的本质是简单的，复杂的事物、系统和现象是由更简单或更基础的各部分所构成的组合。

况亦是如此：对于永远藏身于易碎外壳之下的脆弱人类而言，人设——无论是有意还是无意创造出来——就是一层保护，帮他们抵挡注定将要遭遇的颠覆伦常、扭曲现实的风暴袭击，并确保因他们的坦率造成的后果不会波及"真实"的人。人们可能会谴责这一套程序太"假"，但登台演出或唱歌又何尝不是虚假的表演——无疑既是一种虚构，又是一种真实。同理，有许多乐队不做"造型"，自以为这么做是在有意识地拒绝"形象"的概念，却因此呈现了一种"反形象"的形象而不自知，所以人设的树立是避无可避的，作为艺人，你要么主动迎合并接受它，要么用尽整个职业生涯去反抗它。

以我为例，我想我在早期犯下了共谋之罪，那时候媒体仍在友善地塑造、调整我的人设，而我则怀着天真与之大力配合。现在看来，那样的做法无疑太欠考虑，但凭良心讲，当时的我大概选择将整个过程视为调情，而在内心深处，我暗自为外界对我本人——或者说对我外在的形象——所表现出的关注而受宠若惊，压根儿就没想过他们看到的形象是否有所歪曲。多年的贫穷、困苦与失意让我饥不择食，不放过扔在我脚边的任何一块成功的面包屑，而在胡吃海塞的时候，我似乎总是太过积极地去满足他人愚蠢的幻想，心甘情愿地套上为我量身定做、实际看上去却越来越不合体的戏装。不同于过去的艺术家，什么迪伦啦、莱顿啦、鲍伊啦，我在自己人设的创造过程中似乎从未有哪一刻掌握过主导权。当年的我没有他们那么聪明，或者说不够清醒，看不透究竟发生了什么，所以从头到尾都只能在被动接受与置身事外之间二选一，陷入了要么同意要么拒绝的死循环。我想只有极少数艺术家可以主动掌控这一过程，同时还不会给人留下不择手段的伪君子印象。做"真实"的自己是1990年代另类音乐的一大信条，所以当时的另类乐队纷纷与华丽空洞、刻意煽情的七八十年代风格划清界限。事实如何不是重点，就像流行乐的许多方面一样，重要的是事情看上去如何，而非真相如何。我发现了，我现在之所以能看得如此透彻，说明当时我还是有一定掌控能力的，但即便有，它也是深埋于潜意识之中的，年轻的我只顾盲目地四处乱撞，任凭事情发生在自己身上而无动于衷。那些加之于我的陌生作用力以及我所经历的近乎暴力的变动，毫无疑问影响了我的个人生活。我流连于荒唐的拈花惹草、黏腻的风流韵事，我的私生活越来越脱离常轨、无所寄托，一切都太动荡、太刺激，我根本就无法想象什么稳定的关系。有一阵子我感觉自己像是被困在了一幅未来派的油画里，现实变得全然陌生而失调，我被锁在里面四处反弹，躁动不安，无片刻安宁。

犯过早年那些与媒体有关的错误之后，我们总算学到了一条铁则：无论何时都不要跟媒体开玩笑。很多话你在说的时候可能只是一笑而过，之后却会转个弯回来，阴魂不散地纠缠着你，甚至被用来对付你——但已经造成的伤害再也无法收回。说真的，如果我们能明智地意识到曝光并非百利而无一害就好了，但我们没有，况且那时候我们还是媒体的弄潮儿，在浪潮正将我们送上青云的时候，反过头去质疑它未免显得有些无理取闹。平心而论，我们每个人都很讨厌自己的形象受到如此严重的歪曲，或许正因如此，接下来20年我们所有的媒体照片都是一本正经得过分。然而，伯纳德似乎尤其为之困扰，这种事让他接受不了，大概在他看来也彻底背离了他的自我和他理想中的山羊皮。因此他的不满情绪进一步发酵。等到美国巡演开始以后，我们一头扎进了旅途上稍纵即逝的狂欢，尽情宣泄原始的欲望，只有伯纳德宁愿待在自己的房间往英格兰打电话，如此一来，他变得越来越孤僻，也与我们越来越远。在我的朋友艾伦飞到加州加入了我们的西海岸之旅以后，事态更是一发不可收拾。艾伦骨子里的享乐主义精神催化了我的放纵，致使伯纳德和我们之间又生出了新的嫌隙。我想，艾伦的到来正好填补了巡演中我身边"最好朋友"的空缺，导致我更无暇顾及自己和伯纳德亟须修补的关系。

纵然龃龉丛生、疲惫不堪，乐队仍然维持着正常运转，最终我们飞回英格兰休整了一小段时间。然而在音乐行业内，"打入"美国市场是个无人能抵挡的执念，于是没过多久，我们又高高兴兴地收拾好行囊，再次登上了跨洋航班。这一次，悲剧降临了。就在巡演当晚，伯纳德久病在床的父亲过世了。我们在纽约一家酒店接到了这个消息，所有人都面如土色。我们本该取消巡演，给他哀悼的时间和疗伤的空间，可不知是疯了还是怎么回事，我们不仅没有这么做，反而选择性地遗忘了这件事。这是一个极其严重的错误，可想而知，随着日子一天天过去，伯纳德变得越发沉默寡言、独来独往，而彼时的我在感情上还不成熟，作为朋友不仅没能向他伸出援手、给予安慰，还怯懦地躲进了放浪形骸的公路生活以求逃避。就这样，人心开始离散，我们的关系开始破裂，彼此之间也开始互相妖魔化，由此引发了一系列连锁事件，导致我们再也回不到从前。

第二部分

毒 树

　　波音747在希思罗的柏油碎石跑道上着陆，机场熟悉的潮湿灰色混凝土风景透过窄小的飞机舷窗映入眼帘，外面正飘着英格兰夏天的细雨，拂过窗玻璃溅起一串串飞沫。我忍着胃里的绞痛，出了航站楼，当我走向马路上鱼贯驶过的黑色出租车队列时，一种无声的恐惧突然袭上心头——就是当你感觉到大事不妙时的那种忐忑不安，那种在身体里冰冷散开的本能恐惧。那趟美国巡演一路上摩擦不断，局面混乱失控，成员消极抵抗、心怀敌意，在台下各自行动，在台上暗暗斗气。整个过程绝佳地示范了如何把人际关系搞砸，如何切断人与人之间的纽带，以及小集体如何分化到势不两立。媒体和大众都为这出肥皂剧而激动不已，他们无比兴奋地发现在本质是人为制造的虚情假意背后居然隐藏着真实的人类情绪，原来音乐的核心不仅包含了真正的激情和恐惧，还有现实存在的戏剧；他们还明白了，原来一切并不是都像说的那么好听。到了这个时候，我已经无法轻易拿起电话打给伯纳德了。在我眼里，他已突变成了一个有点吓人的形象：愤怒、暴躁、反复无常，而正如有此退路可选的懦夫们会做出的选择一样，我开始通过我们的经纪人查理作为中间人和他沟通——在我们已堕入的疯狂旋涡里，查理成了我们眼中既沉稳又可靠的存在。当然，伯纳德恐怕也是一样地搞不懂我，一样地忌惮我。那时我几近成为大明星，不仅自恋、贪图名利，还越来越漠视他人细微的情感变化。巡演就像一个失真的镜头，将我们刻画成了花哨的卡通人形象投射到对方眼中，并将两个人分化成对立的个体，激化了我们之间的分歧，使之转为一道几乎无法开诚布公的鸿沟。此时唯一能做的就是什么也不做，于是结束了漫长巡演回到家之后，我们带着一种既舒适又游离的异样感觉，暂时缩回各自熟悉的日常生活，进入一种循规蹈矩的状态——我们并不是有多能适应规律的生活，只是暂时没有精力去做其他事而已。

　　音乐人之间最顺畅的对话方式往往是音乐，尤其是在年纪尚轻的时候。音乐为他们提供了一个抽象地表达自我的渠道，让他们发泄情感、宣泄愤怒，并用一套准则将他们的行为限定在安全范围以内。所以等到安定下来之后，为了修复烧毁的栈桥，我们再次回到了录音室投入工作，然后开始提心吊胆地共处一室，以一种犹犹豫豫、谨小慎微的方式努力去做我们最擅长的事。下一步计划是做一张过渡性的单曲唱片。我们已经写好了一首歌，名叫《在一起》(*Stay Together*)。这是一首无甚突破的大路化摇滚抒情曲，但不知为何，当时好像还挺让我们激动的。现在看来，它仅有的超常之处在于其超长的时长，还有比较诡异的后半段：

主要是在不同情绪与层次之间起落的纯器乐演奏，外加几小节激昂的念白，其内容稍稍借鉴了帕蒂·史密斯（Patti Smith）的《鸟国》（*Birdland*）。在我看来，这一段可谓是伯纳德的表现主义拼贴作品，其中他不仅用野性的咆哮抒发了愤怒、悲伤、痛苦和挫败，还融入了狂暴的宣泄、原始的呐喊，以及他对异化的歌颂。他是在试图用自己最精通的媒介——声音——来表达自我，我认为此举既勇敢又充满野心。但于我而言，这首歌本身只算是我们的中下乘之作，歌词也乏善可陈，几乎没有什么意义，通篇堆砌的不过是山羊皮一般歌曲里屡见不鲜的城市风景和二手的情感套话。至于歌名，无疑存在这样一种可能：我因为眼看伯纳德跟我们越来越疏远，所以潜意识向他发出了一句恳求、一声对朋友的呼唤。我不记得自己当时是否有意识到这一点，但现在回想起来，也不太可能只是个巧合。不过现实后来的发展却很讽刺，我知道很多人会对此揶揄一笑。倘若我能直面自己的焦虑，能足够坦诚地在歌词里全面展开来探讨这一主题，或许我的叙事就不会沦为平庸的反思。

在初尝成名滋味的早期阶段，我们一直都未能摆脱"炒作"的指控。因为我们的上升看起来太快了，所以可想而知，那些认为我们不配的人就会条件反射般地有此怀疑。1994年2月，《在一起》超常发挥，一下子杀到单曲榜第3名，我第一次觉得讨厌我们的人恐怕有一定的道理。我还记得当时我觉得那首歌听起来既没有思想又没有气质，而且它也并没有随着时间的流逝而变得不那么俗不可耐。不过B面又一次成了真正的藏宝地：《活死人》

（*The Living Dead*）纤细、质朴，旋律优美，充满故事性；《我的黑暗之星》（*My Dark Star*）可能有过之而无不及，这是一首带有迷惑性的中速歌曲，虽然在很多方面都显得平淡，但如果反复聆听，它就会不可思议地不断呈现更深的层次，因而理所应当地收获了细水长流的喜爱。从歌词上来说，《我的黑暗之星》亦有些不同寻常，算是我努力让自己的创作突破个人感情世界的范畴，到更加广阔的政治背景中着墨的一次尝试。如果非要用逻辑去解读，那你大概会觉得它有些"新世纪"（New Age）风，缺乏中心思想，搞不好还有点幼稚，但事实上它是一首关于女性权力的歌，其中描绘了一幅奇异的幻象，有一位救世主般的强大女性首领——我大致依照艺术家弗里达·卡罗（Frida Kahlo）的形象塑造——从第三世界的暗影里揭竿而起，夺得了领导权，并带领我们逃离了灾难的边缘。有一条模糊的线索贯穿了我的创作，暗示了一种对权力的幼稚质疑，你可以在诸如"政府单一历史的谎言"（"the lies of the government's singular history"）等句子里听出这一点。关于歌词里提到的印度和阿根廷，我想我是有意用它们来指代曾被大英帝国的铁蹄蹂躏过的国家。有时候，歌曲作为一个整体的魔力要大于其各个组成部分的魔力之和。在某一特定的大众群体中流行着一种看法，即流行乐和摇滚乐的歌词都很"孩子气""不成熟"且"空洞"。他们用来支持这个观点的论据就是，如果把歌词从歌曲中抽出来单纯作为语句来朗读，听上去就会很空："宝贝，宝贝，耶，耶，耶……""好一堆废话。"他们如是说。然而摇滚和流行歌词却不同于诗歌或散文，重点在于它们不是被读出来的，而是被唱出来的，因此它们的音乐语境决定了一切。多年来，我不知曾有多少次坐在出租车后座，因电台里放出的一首流行歌曲真心感到惊艳并被触动了心弦，它们唱的不过是些平平无奇的陈词滥调，可一旦配上合适的感觉和旋律，就能呈现出堪比济慈诗句的真与美，并超越自身平庸的组成部分，达到升华。作为《我的黑暗之星》的作者，我没有立场来评判这首歌有没有做到这一点，但我想指出的是，单从歌词来评价一首歌并不公正，充其量不过是一种便利的做法，因为歌词和用来描述歌词的媒介看上去用的都是同一种语言。这里存在一个"用文字表现音乐如同用舞蹈表现建筑"的悖论，即一种媒介无论如何也不能准确地代言另一种。

彼时我和艾伦已从穆尔豪斯路搬到了海格特的牧羊人山地区，正住在一座维多利亚时代的哥特式大房子底层。这次搬家满足了我对"16"这个数字越来越深的迷恋——自从搬到肯辛顿之后，我住过的每一处房屋号码都含有数字16；除此之外，我也渴望暂时逃离西伦敦让我感觉纷乱不堪的闹市，去一个更靠近自然也更僻静的环境，躲开刺耳的闲话、饶舌的流言，还有络绎不绝的奉迎者。从大街上看过去，那栋房子又阴又潮，仿佛蒙着一层迷雾，屋上带有悬臂梁固定的凸窗和仿中世纪风格的立柱。它跟马路隔着一段距离，被一排女贞和悬铃木遮挡，看上去庄严肃穆、威风凛凛。然而屋后却是另一番光景：起居室双倍高度的落地窗正对着一个东南向的美丽花园，花园很长，从房子背面一直向后延伸，里面零散地种着几棵苹果树，边缘则围着一圈低矮的紫杉树篱。这栋房子的所有者是一个名叫"门诺会"的基督教再洗礼派团体，所以整个场所都弥漫着一种奇特的教会氛围，怪到令人叫绝，完全不同于诺丁山放浪不羁的喧嚣日常。然而我和艾伦肆无忌惮的生活方式却并没有多少改变，我们常常在后半夜瘫倒在沙发里，迷失于寻欢作乐之后漫无边际的胡言乱语中，直到一阵阵虔诚的歌声突然穿过围墙渗了进来——门诺会开始吟唱圣歌或是吟诵祷词。于是两个世界发生了奇异的碰撞，放荡与虔诚终于在海格特的一座花园房中交会。以前，我住的地方常常反映在我写的歌曲里，但海格特这套房子却不止于此，它好像还开始进入了我潜意识为自己描绘出的一个全新人格。"厚颜无耻的伦敦佬"在一开始是媒体赋予我的称呼，显然我是拒绝的，后来它被无脑的投机分子"伪伦敦东区人"[1] 欣然占用——他们是一群中产阶级出身的"媒体怪胎"，说话刻意省略字母 h 的发音并压平元音——所以对于那跟在我们后面并已然开始发展壮大的运动，我迫切地想要与之划清界限。我们最初描绘的"伦敦生活"在我看来更接近迈克·李[2] 的影片，如今却被扭曲成了一部《继续》[3]电影，其中的脆弱、诗意和苦痛全被掏空，隐晦的民族主义和鬼祟的厌女症填了进去，把它变成了一个丑陋的载体，一部廉价粗俗、酒气熏天的卡通片，激情也好愤怒也罢都不复存在，里面每个人都

---

1 Mockney，由"mock"（模仿）和"cockney"（伦敦东区人）两个单词拼成的俚语，指一般出身于中产阶级但故意模仿伦敦东区即伦敦下层阶级口音说话的人。

2 Mike Leigh，英国著名导演，代表作有《秘密与谎言》《维拉·德雷克》等，他的电影大多着力展现伦敦普通人的生活。

3 Carry On，经典的英国喜剧系列，从 1958 年到 1992 年共推出了 31 部电影，以及一系列圣诞特别剧、电视剧集和舞台剧，风格融合了英国传统歌舞剧的喜剧感以及低俗的海滨明信片画风。

只是怯懦地用讽刺这张脆弱的面具来掩藏感情。让人精疲力竭的巡演日程虽然差点将我们摧毁，却为我带来了环游世界的惊奇体验，让我能够去到在海沃兹希思廉租房里长大的孩子大多无法到达的地方。我热切地拥抱了外面的世界，而不是逃回舒适狭隘、正在成为我们文化的中心参照点的《老爸上战场》[1]世界。我开始读与巫术相关的书，沉迷于刘易斯·卡罗尔（Lewis Carroll）、肯尼思·安格（Kenneth Anger）、阿道司·赫胥黎（Aldous Huxley）的作品，还迷恋上经典好莱坞偶像和他们被死亡阴影笼罩的悲剧人生。我开始被特定的一类创造性灵魂吸引，譬如威廉·布莱克（William Blake）和阿莱斯特·克劳利（Aleister Crowley）那般难以界定其缪斯女神的特异先知，并开始深入研究他们梦呓般的朦胧符号和咒语世界。在酒精勾兑其他物质的化学反应下，以及在由内而生的可怕谵妄作用下，我常常赤身披着一件镶着金边的黑色摩洛哥长袍，失魂落魄地在房子里四处飘荡，胡乱写下一些语句，捕捉着灵感，将它们全部投入炼药锅中，看着它们沸腾。

所以这就是我正在变成的样子，伯纳德和其他成员正在面对的人物：一个崩坏的偏执狂，神经过敏，孤僻又狂躁，像中了邪一样迷失在诡异的幻境，被生活的幻影所蒙蔽。每当我回看那个时期的媒体照片，都会不由自主地感觉到我们几个人之间涌动的敌意、不和谐的暗流，就好像有某种东西永远地断裂了，再也无法修补。表现最为明显的是《在一起》单曲封套的折叠内页上我

---

1 *Dad's Army*，"二战"题材的英国情景喜剧。

们的身体语言，就是那张我们一起坐在一辆车里的照片。我还记得拍摄的过程充满火药味，忐忑不安，摩擦不断，一点也不愉快。我和伯纳德的关系从未就任何意义上恢复过融洽，虽然职责内的宣传活动我们都马马虎虎应付了事，但全是咬紧牙关熬过去的，有一种无言的怨恨潜伏在我们之间，永远都在爆发的边缘。我的记忆很深刻，那时候只要是有他在的场合，我走路都是踮着脚尖、小心翼翼的，生怕唤醒那个一触即发的火暴人格，然后又会把所有人都推进一个黑暗诡谲、气氛紧张的剧场。如果我能拥有成熟的心智和清醒的头脑，试着坐下来跟他"面对面"地消除误会，事情的发展或许就会大不一样。可是太迟了，而且我也太愚蠢，我没有这样做，因为我根本就做不到，所以只能放任伤口溃烂化脓、逐渐扩大。这样的处境或许让我回想起了与父亲的阴郁性格相伴的焦虑童年——我和伯纳德之间越来越剑拔弩张的气氛与小时候在父亲身边如履薄冰的不安时刻重合在了一起，导致我开始用看待父亲的眼光来看待伯纳德：一方面他是我非常在乎的人；另一方面我们之间的关系却很复杂，常常是相互对立的，矛盾随时都有可能爆发。为了宣传《在一起》单曲，我们连续举办了几场演出，其中爱丁堡的女王大厅俱乐部（Queen's Hall）那场是高潮。当时我们还不知道这将是伯纳德在山羊皮的最后一次演唱会，但可想而知，整个过程摩擦不断，情绪特别糟糕，其间穿插着多次因为发脾气和电线故障而导致的冷场和不愉快的暂停。至此，我已清清楚楚地预感到伯纳德在乐队的时间正式进入了倒计时，而且遗憾的是，他走只是个时间问题，无关可能与否。

我们抛下了自己唯一独特的东西

　　一心往成功的熔炉里跳的青年都有以下共通点：本性不成熟、做事凭直觉、心浮气躁。然而这些特点同样也能激发戏剧冲突，点燃创造力，引发惊险的失衡状态，给人带来对灾难的预感，从而制造出叫旁观者大呼过瘾的奇观。如果他们的性格中没有这些重大"缺陷"，事情就会变得无趣很多，但不管怎么说，这就像是摇摇欲坠的纸牌屋，无时无刻不在崩塌的边缘。有了裂缝就拿透明胶一粘，有了伤口便置之不理，就这样我们不管不顾地继续折腾。我满不在乎地投身于创作中寻找安慰，暗自祈祷有了空间伤口就能如魔法般自动愈合。现在看来这种想法未免过于乐观，但当年的我缺乏人生经验，还不明白如此消极的做法不太可能产生任何助益，而且我发现，身边那些能在我面前说上话的人不管是谁给我提出忠告，我都越来越难听进去。想必我是走到了人生中一个独一无二的转折点，而我个人的处境也从很多方面反映出我们作为乐队所处的位置。出道专辑的一炮而红将我的自信放大、扭曲成敏感的狂妄，让我变得有些难以接近，看上去自我封闭但其实总是脆弱又迷茫。表面上的自信无疑只是我的一副面具，是我与他人合谋为我树立的人设里面的又一组成要素。它是任何一位表演者都不可或缺的关键性道具，但有时候又会造成干扰，扭曲你的感觉，迫使你做出糟糕的主观判断，认为自己凌驾于任何建议之上。我所经历的不过是又一个版本的艺术家神话，而大众需要信仰艺术家，一个坚定不移、满怀自信的先知，"就像摩西一样，带领他的子民前往应许之地"。我则被年轻的傲气冲昏了头，天真地想要践行这一比喻。事实上，我还清楚地记得在决定新专辑的首发单曲时，索尼唱片——当时我们在全球的唱片发行公司——的头儿几乎是求着我们发《新世代》（*New Generation*），认为它就是传说中的"电台友好的专辑带动者"[1]。那位可怜的人又是哄又是劝，又是晓之以理，又是动之以情，而我就那么坐在会议室里，脸板得像一只攥紧的拳头，对他说首发单曲得是《我们是猪》（*We Are The Pigs*）——一首毫不妥协的刺耳叙事诗，完全脱离了变换的时代潮流。最终它就像税务局的一封来信，受到了媒体的"热烈欢迎"。

我们利用演出间歇和试音时间，一点一点打磨出我们的新歌。伯纳德不知疲倦的神奇干劲一如往常，依然是驱动我们前进的引擎，一路将我们逼到自己原先预想的极限之外，让我们冲上了全新的道路，不断向上攀爬，不断切换新挡。然而破裂的关系却经不起

1　radio friendly unit shifter，涅槃乐队（Nirvana）1993年发行的专辑《在子宫》（*In Utero*）中的一首歌曲名，后用来指代适合电台打榜、可以促进专辑销量的单曲。

触碰，面对面的接触太冒险，炸药桶离火花太近可能会化为灰烬，所以我们开始采用一种不同寻常且不合时宜的方法：邮寄。差不多每周我都会收到装着一盘磁带的黄色大泡沫信封——它总是被强塞进我的信箱，然后滚落到门垫上。信封上标着圆珠笔写的各种简短暂定名，比如《垃圾似的》《一个男人的歌》《EAG》或《肯》之类。我会拿起磁带，慢吞吞地走到我在房子北面收拾出来的一个小工作间里，将它插进我的蓝色泰斯康姆（Tascam）便携录音机，然后坐下来摆好SM58麦克风，开始一边听磁带一边思索一边唱歌。在创作的过程中我不时会进入美妙的冥想状态，感觉就像在直面自身，而自身的种种界限常常能以不同的方式点燃灵感的火花——那是一场惊心动魄的追逐、一趟让人屏息的求索，亦是一种预感，预感到解开谜题的钥匙还差一点点、差一点点就要到手。我想，写歌是我和伯纳德一贯的沟通渠道，既是激励又是鞭策，既启发灵感，又充满挑战性。在其他通道悉数关闭之后，我们两人的关系竟不可思议地剥去了所有纷乱的干扰，回归其核心目的，一切都变得简简单单，却让人感觉到一种纯粹的自由，哪怕是以如此不寻常的方式进行。从他寄给我的那些满载着情绪的动人音乐里，我听见了痛苦、忧伤、沮丧和戏剧，我知道我的职责就是找到相衬的方式去反映这些情感，让他斑驳陆离的感情世界在其自身的叙事背景之中呈现出来。我们俩都明白下一张专辑必须非常特别，因为上一张的成功要求它达到这种水准，所以我们下定决心要突破自身能力的边界，将满腔的愤怒、偏执、恐惧和爱全部倾注于歌中，让高潮来得目眩神迷，低潮去得绝望蚀骨。如果它注定要成为我们的绝唱，那将是何等绚烂的终结！

　　第一首完成的作品是我们断断续续弄了好久的一首歌，它早在出道专辑创作的收尾阶段就写出来了，但就是编不出山羊皮的韵味来，所以我们只在几次电视节目上，以及在格拉斯顿伯里表演过一个人声加吉他的简单不插电版。虽然还决定不了编曲方向，但我们明白这首歌有很大的潜力，只要找对感觉，它就会成为一首强有力的结束曲。这首歌名叫《静物》（*Still Life*），是继出道专辑中的《安眠药》之后我的第二篇"家庭主妇传奇"。故事讲的是被抛弃的主人公在窗前渴盼着出轨的爱人归来，无法自拔地陷入忧愁的思绪。它的灵感一方面来源于我和贾斯汀闹得不太愉快的分手，另一方面显然可以构想为我的一次尝试——尝试代入童年记忆里我母亲的精神状态：孤独、受困、绝望。这些紊乱、异化的情感成了整张专辑最重要的主题，如同毒药一般侵入了多首歌曲，其中尤其值得一提的是另一首松散的宏大抒情曲——《我们两个人》（*The 2 Of Us*）。作为音乐人的伯纳德在我脑海中留下的最鲜明记忆之一是我坐在石头大师录音室的控制室里，隔着玻璃看他在钢琴上奏出那段扣人心弦的哀伤旋律。我呆坐在那儿，出神地看着他将自己的痛苦倾泻于琴键，那个珍贵的瞬间美得令人刺痛，犹如人生的一道印记。我永远也忘不了那让我自惭形秽的奇怪情绪：既为我们共同创造的作品感到自豪，又不由生出一切就快要结束的悲伤预感。《我们两个人》也是一首献给异化的赞歌，讲述了两个身处高级金融世界里的人走到一起却无法沟通的故事，聚光灯讽刺地照向两人无爱的空虚生活，背景则是象征着他们成功表象的钢架玻璃幕墙："独自一人却并不孤单，独自一人却有酒为伴。"（"alone but not lonely, alone but loaded."）虽然我在创作时并未有意去影射我和伯纳德的关系，但随着时间流逝，我却越来越意识到或许此曲的真意就在于此。不过就像我说过的，歌曲常常会以一种神秘的方式缓慢地展露真容，有时候即便对于它们的创作者来说也是一样的。

在《在一起》的小型巡演中，我们唱了早期写的另一首歌以检验效果，那就是《女主角》（*Heroine*）。我一拿到伯纳德寄来的样带，就被这首又重又急的琶音曲打动了，恨不得立刻把它完成。我喜欢它阴暗曲折的小调和弦和接近哥特风格的动机[1]纠缠在一起旋转涌动的感觉。在一个冬日，我坐在牧羊人山的房子里创作这首歌，外面正下着雨，雨水如波浪般拍打在窗玻璃上，我还记得有一种异样的感觉涌上心头，仿佛那潮湿、扭曲的乐句映照出了周围空间的本质，水泥和砖石全变得弯弯曲曲、充满恶意，被音乐卷入其中，化为它的一部分肌理。歌词使用了一目了然的同音异义词，是我最引以为豪的作品之一，而且随着人类迈入21世纪的数字世界，它还引起了我很强的共鸣。歌里描绘的情景是一个迷恋色情书刊的少年沉迷于香艳的杂志无法自拔，没有能力融入现实世界，因而感到羞耻、无力和孤独。绝大多数年轻人——如果他们够坦率——或多或少都会对这样的状态感到熟悉，他们都曾盯着《阁楼》（*Penthouse*）或《梅菲尔》（*Mayfair*）

1　音乐术语中的"动机"一词是指乐段可被划分的最小组成单位，是一首乐曲形成的基础。

的印刷彩页，抑或是如今笔记本电脑屏幕的柔光，为自己对里面女性肉体的下流幻想而饱受折磨。这个想法又引申出了另一个异化主题，即真实的人类与虚构的角色或虚幻的人物之间的情感纽带。我在自己的生活里、在周遭的世界都看到过这样的事发生：朋友被肥皂剧中的角色取代，恋人被色情模特取代，作为榜样的家长被电影明星取代。这并不是很新的现象，早在几十年前，年轻人就在模仿日场电影偶像的身体语言，而随着 21 世纪在 20 世纪的预告声中降临，这一主题似乎变得更加契合时代，因此也在不同程度上潜进了不少别的歌曲里。《女主角》开头的第一句话引自拜伦的诗，我有时候会尝试做这样的"剪贴"，即从我的笔记本里随机摘一些字句放进歌曲里看看整体效果。这一次，古典与现代混搭在一起的刺耳成品很对我胃口，莫名透着一种一脉相承之感，暗示了我们世世代代都面临着同样的挑战。

不知有多少个无所事事的下午，我在屋子里一坐就是好几个钟头，读有关马龙·白兰度（Marlon Brando）、詹姆斯·迪恩（James Dean）和梦露（Marilyn Monroe）的书，聚精会神地盯着 1950 年代那些美丽、古旧、充满胶片感的好莱坞画片，我发现自己太过沉迷于其表面上的光辉，以至于几乎看不见他们真实的模样，只因这些标志性的肖像太过家喻户晓，太过耀眼，让人无论如何都难以用客观的眼光去观看。我忽然之间意识到，即便这种老掉牙的肖像画已被用到滥俗，却几乎成为一种提喻，代表了整个社会对于明星身份的狂热崇拜，所以我在歌中提及一整套好莱坞机器及其创造的明星，也算是通过偶像崇拜进一步延伸了专辑核心的异化主旨。有一首歌对该主题做了最为深入的探讨，那就是《老爸在加速》（*Daddy's Speeding*）。它是我和伯纳德在专辑创作的最后阶段才构思出来的一首诡异另类的小曲子，一部分是歌，另一部分是各种声音的拼贴，细述了我做的一个关于詹姆斯·迪恩的梦，触及了悲剧和永生的主题。还有一首歌也是我们在巡演中提前演练过的，它最初的名字叫《垃圾似的》（*Trashy*），是一头以吉他连复段打底的6/8拍猛兽，扣人心弦，节奏强劲，现场演出的效果极佳：狂野，气势迫人，充满了粗糙而凶狠的爆发力。虽然它的暂定名有种奇怪的贴切感，我还是将它重新命名为《这好莱坞生活》（*This Hollywood Life*），在其中我编织了一个发生在糜烂潜规则世界的故事，一个关于野心和性剥削的艳俗传说，我想它亦反映了我曾瞥见的发生在音乐产业更阴暗角落里的事。不过于我而言，如同宝石一般脱颖而出的却是下面这首：它在诞生之初有个平平无奇的名字——《肯》（*Ken*），是伯纳德开玩笑取的——当年我们在《新音乐快递》上打广告招募吉他手，最后只来了两个应募者，一个是伯纳德，另一个人就叫这个名字。暂定名有时候会成为我和他之间一种轻松愉快的交流方式，譬如他会故意给某首歌起名"不同寻常的性"（Unusual Sex），然后我们就会有如下的愚蠢对话："我真喜欢'不同寻常的性'。""嗯，我也是。"诸如此类。《肯》是一首根源化[1]的中速歌曲，最初的版本听起来很有传统老歌的风格，

1　指深受蓝调、民歌及乡村音乐影响的音乐。

其轻松流畅的感觉接近吉恩·克拉克（Gene Clark）或吉米·韦伯（Jimmy Webb），我记得伯纳德第一次弹它是在早期的美国巡演期间，好像是在凤凰城还是哪儿。我觉得它质朴而激昂的力量似乎应当去顺应，而不能企图破坏，于是写了一段深受雅克·布雷尔（Jaques Brel）的《别离开我》（*Ne Me Quitte Pas*）启发的唱词——更准确地说，启发我的实际上是斯科特·沃克翻唱的英文版，当时我正学着去欣赏此类歌曲。那段时期，我开始听过去那些"大"歌星，比如辛纳屈（Frank Sinatra）、布雷尔和伊迪丝·琵雅芙（Edith Piaf）等，他们都属于能将一首歌演绎成一场戏的表演者，我也想努力从他们身上学到点什么，拓宽自己作为音乐人的疆界。在出道专辑的大部分歌曲里，我都是用一种尖锐、鼻音很重的拖腔在唱歌，现在我想从那种唱腔之中升华出来，找到另一种声音，当然还是我自己的声音，但要与新专辑更宏大也不那么局限于个人琐事的主题相匹配。我将这种全新的唱法带到了一首新歌里，它被我命名为《野性的人们》（*The Wild Ones*）（显然是在指涉马龙·白兰度[1]）。如果非要我在自己整个创作生涯里选出一个时刻，一个让我可以指着它说"这就是我一生成就"的时刻，我依然会选择这首歌。我清楚地记得它的创作过程。那天我忽然心念一动，预感到了某种特别之事的降临，然后跌跌撞撞地冲出门去，在冬日的冷雨抽打着的海格特大街上来回踱步，我的头脑因错乱和狂喜而眩晕，身上连大衣也没穿，对

---

1 指1953年马龙·白兰度主演的电影《野性的人》（*The Wild One*，国内的通用译名为《飞车党》）。

周遭的天气浑然不觉，恐怕还冒着染上肺炎的危险，就这样迷失在美妙的自我世界。遗憾的是，伟大的歌曲几乎都不能获得商业上的成功，至少在代表了我整个音乐生涯的狭隘乐队经历里，情况就是如此。山羊皮的套路化慢歌《在一起》空洞无物，却在一波大肆宣传之下冲到了英国单曲榜第3名，而《野性的人们》却无力地挣扎在榜单边缘，勉强够到了前20的尾巴，在时间上则不幸与我们的星光开始消退的时刻恰好重合，这一事实讽刺地印证了排行榜"热门"的无意义。

除了电影化的抒情曲，我们同样也写流行化的噪歌，其中的佼佼者大概要数后来以《新世代》（*New Generation*）之名为人所知的歌。它也是早就在现场演唱过，而且现场的反响很不错，原因显而易见：一是马达一般强劲的律动感；二是一路飙高的两段式副歌赋予了它一种经典流行摇滚乐的感觉，听起来和伪装者乐队（The Pretenders）的歌或是金发女郎乐队（Blondie）更偏摇滚的作品异曲同工。正如一般意义上的好流行歌一样，它的歌词说实话也有点儿用完即弃的意思。回想起来，它的灵感似乎源于我从旁观者角度所见的贾斯汀和她的新乐队"橡皮筋"正在经历的事：他们开始凭借锋芒尖锐、剑走偏锋的出色艺术流行乐崭露头角。《新世代》意图向她表达爱与鼓励，诉说已被遗忘的痛苦、已经消散的瘢痕。专辑录音正式开始之前，我们在位于多利斯山的一间简陋排练室里共度了气氛阴沉、充满火药味的几天，其间我们一直在打磨一首新歌，它有种正统摇滚乐的感觉，类似尼尔·杨的《俄亥俄》（*Ohio*）。它的名字被暂定为《十分钟》，指代它的长度。之前待在海格特的时候，我根据伯纳德粗糙的小样写了几段歌词和旋律，但还未能抓住整首歌的灵魂。曲子本身听起来有点笨拙和普通，感觉还行但还达不到优秀的程度，而伯纳德坚持要把它做得很长很绕，还要在不同层次的音调之间切来切去，这似乎跟它给人的平淡印象不太搭。我真是大错特错！我为它填的词成了我最引以为豪的作品之一——一个讲述三角关系中因爱生妒的故事，灵感来源于我上文提到过的与那位艺术家的恋情。在我们俩分分合合的那段破碎而混沌的时间里，她跟另一个女人有了暧昧关系。这首歌则以跟踪狂的视角尾随她展开了一段迂回的旅程：沿着洒满落叶的人行道，穿过阴沉的白日，窥进她扑朔迷离的人生和爱情。而我在这部戏中扮演的角色更像是一位旁观者，而非参与者。这首歌词让我很喜欢的一点是，它的含意一直隐而不现，从容蛰伏在暗处，直到"她有一位朋友，她们分享睫毛膏而我假装"（"she's got a friend, they share mascara I pretend"）才开始显形，忽然间整个故事真相大白。我为它取名为《沥青世界》（*The Asphalt World*），它将会成为山羊皮所有作品中最受人钟爱的歌曲之一。但在它成为今天人们听到的《沥青世界》之前，曾经历过多次剧变，在乐队内部，它还成了一块争议的试金石，似是象征着伯纳德和其他人之间越来越大的裂痕。如今关于此事的看法存在一些细节上的分歧，我只能尽我所能去回忆真相而不是我脑海中以为的真相，但我的确记得录音室里一次次爆发的气急败坏的争执，有关歌曲长度，伯纳德执意把它弄得过分长，而我们其他人则拒绝配合，因为害怕这么做会给人浮夸做作的感觉。如今看来他才是对的，他很清楚只有通过大胆到近乎不计后果的音乐手法，才能释放整首歌的戏剧张力，并且他在心中已经制订好了一套复杂的计划，打算用繁复的吉他部和风暴般跌宕的情绪转换来填补歌曲的空白。他追求自己的愿景自然无可厚非，但问题一如既往地存在于表达和解释想法的方式，存在于我的反应以及他对我的反应所做的反应，并且归根结底还是在于我们两人之间信任和尊重的消蚀。相互较劲的结果是我们被推到了决裂的边缘，不过最终我们还是达成了一个所有人都能接受的方案——一个利维坦[1]似的庞然大物，阴森迫人，暗潮汹涌；一曲歌唱猜疑和嫉妒的黑暗颂歌。

　　在专辑里排在《沥青世界》前面的《黑或蓝》（*Black Or Blue*）中，前述的那位艺术家女士也有很重的戏份。她的个性至少可以被称为鲜明，间歇性爆发，狂放不羁，反复无常，而如此激烈动荡的情绪之下必然隐藏着一颗敏感的心。有时候她来我家里只是坐着，安静地在她的速写本上画画；而在其他时候，她会做一些疯狂的事，比如向我的窗户里扔砖头把我弄醒。一个夏天的午后，她在一种错乱的状态下来到牧羊人山，跑到我家南面的草坪上，倒在草丛里开始一边打滚一边尖叫。当时肯定有邻居打了999[2]，因为穿制服的警察突然就出现在门口，他们显然是怀疑她受到了袭击。然而当他们开始询问她时，她立刻决定把狂暴的

1　希伯来神话中的巨型海怪，后来作为原型被广泛用于各种文学创作和哲学理论中，象征巨大的未知之物。

2　英国的报警电话。

怒火转移到他们身上，我竭尽全力才让她冷静下来，不至沦落到去牢房过夜。那时候的我还不够成熟，除了将她的行为视为乖僻而不予理会之外，其他什么也做不了，但现在回想一下，我们之间可能有某种令人不安的力量在作祟。我们的关系太违背常理，充满了焦灼与不安，有时又过于炽热，并被我越来越偏离正轨的生活方式搅得残破不堪。当然，我也绝不具备模范男友的资质，我的世界动荡又多变，一切都那么不确定，无法让露水之缘落地生根。然而从某种意义上来说，内含于这段感情核心的不谐之音却在我与她之间形成了一条奇怪的纽带，让我们心照不宣地达成了某种契约，而她的乖僻正是属于这契约的一部分；另外，我们之间必定还存在某种羁绊，因此才有了诸如《如此年轻》《沥青世界》和《野性的人们》这般质量上乘之作。我还记得，当时我似乎开始在她身上看到了伯纳德以及我父亲的影子，因为这三段关系到了最后都变得高度对抗，只是对抗的方式各不相同。或许真相只不过是，我在弹球机似的明星世界边缘四处弹跳的同时，我的人格亦在"真实的"自我与自我开始进入的脆弱古怪角色之间来回弹射，以至于变得越来越容易动怒、难以捉摸，而这种变化又进一步反映在我与他人的关系上。说来也怪，其实《黑或蓝》在我看来是一首不怎么出彩的歌，似乎有点过犹不及的做作感，不太招人喜欢。它原本是想讲述一个《罗密欧和朱丽叶》式的小插曲，其背景设定在种族主义横行的现代世界，内容无非就是恋人们戏剧性地被身边人的狭隘思想拆散，诸如此类。艺术家女士的家庭来自印度洋的一个岛国，当我们俩在吉普赛山一带的街上并肩散步时，常常会碰到愚蠢的种族主义者指手画脚，对她或对我们发表一些无知的言论。可我没有让这些有毒的闲言碎语侵蚀我，反而任它们生藤结果，启发我写出了《黑或蓝》的歌词。虽然这段起源有点意思，但我想仅靠观点并不足以挽救歌曲，因为此曲给人的感觉至多不过是主菜《沥青世界》前的开胃甜点而已。如果它能识趣地让位给暴徒赞歌《杀死一个闪亮男孩》（*Killing Of A Flashboy*）——又一首白白浪费掉的优秀B面歌曲——专辑的表现必然更加强劲。

　　受到《爱的猎犬》（*Hounds of Love*）、《结束曲》（*Closer*）和《伊甸园之魂》（*Spirit of Eden*）[1]的启发，我们一直有意将这张专辑变成一趟野心勃勃的音乐旅行，为了达到这一目的，我们自然需要一个起点。伯纳德写了一首怪里怪气的机械化小短曲，并取名为《湿湿软软的小圆面包》（*Squidgy Bun*）。起初，它那粉碎性的金属嗡鸣感觉跟我们以歌曲为本的风格不太搭调，但当我坐在自己的便携录音机前，被它翻搅涌动的声浪洗脑之后，我开始领悟到它在专辑里可以扮演的角色。它其实更像是一个序幕，而非一首独立的歌，于是我决定放弃常规的做法，转而创作一段几乎如同单调的咒语般层层推进的简约颂词。它的灵感在很大程度上来源于一趟日本之旅，当时我去拜访了京都的一座佛寺，听着僧人们反反复复、催人入眠的诵经声入了迷，而在这支曲子里，我看到了呈现类似感觉的潜力。受其启发，我写出了一段冷酷无情

1　这三张分别是凯特·布什、快乐分裂乐队和说说乐队（Talk Talk）的专辑。

的乔治·奥威尔式的吟唱，其中描绘了一支虚构乐队的旅行——它就像机器般一刻不停地前进，践踏了一个又一个大洲以追寻权力。就像披头士乐队扮演佩珀军士的虚幻乐队[1]一样，我也将自己对山羊皮这趟旅行的一些个人感受放进了歌里，只不过极尽夸张——通过过度的延伸和扭曲使其成为噩梦一般的卡通片。每当想起这首歌，我脑海中总是会浮现奥勃良对温斯顿·史密斯[2]发表的观点，即让后者想象未来就像"一只靴子踩在一张人脸上——亘古不变"，因为那种无感情、无人性的残酷是相通的。我称它为《乐队简介》(*Introducing The Band*)，最后它成了专辑的开场曲，而专辑——虽让人沮丧但不得不承认——则最终成了一些人心目中永恒的山羊皮最高水准之作：《狗·人·星》(*Dog Man Star*)。

1　《佩珀军士的孤独之心俱乐部乐队》(*Sgt. Pepper's Lonely Hearts Club Band*) 是披头士乐队最著名的专辑之一，披头士在这张概念专辑中虚构了一支乐队，并用专辑第一首歌（专辑同名曲）介绍了"佩珀军士和他的孤独之心俱乐部乐队"。

2　温斯顿·史密斯是英国作家乔治·奥威尔的反乌托邦小说《一九八四》的男主人公，对其所处的社会产生怀疑，并与外围党员裘莉亚恋爱，最终被思想警察逮捕并改造。奥勃良则是思想警察的一员，参与了对温斯顿的拷打。

我们相爱，我们倦了，我们继续前行

　　肮脏的灰色运河水轻轻拍打着冯尚公主水上餐厅（Feng Shang Princess Floating Restaurant）的边沿，我们四个人在摄政运河的纤夫小道上会合，嘟哝着打了几声招呼，然后拖着脚步走进装饰华丽的餐厅里面找位置，准备完成一次乏味的拍摄工作。现在是午餐时间，已经有几小桌就餐的客人围坐着在吃点心，房间角落点着东方风格的橘色大灯笼，摇曳的灯光照亮了满屋子装饰的微型武士俑和龙的图案。当时我们还不知道，这个浓艳诡异的舞台将成为我们最后一幕的布景：这是我们四个人最后一次共处一室。

　　穿过伦敦，沿着基尔伯恩大路笔直向前，最后来到大路破败的尽头，路两边排列着开泰基连锁店（Chicken Cottage）和张贴着"特惠越洋电话"广告的小商店，石头大师录音室就坐落在几个带轮子的黑色大垃圾桶和停车场后面。正是在这个激荡着张力和创造力的场所，我们完成了《狗·人·星》的录音。整个过程矛盾重重，又不乏灵光乍现的时刻，这是山羊皮以当时的阵容做的最后一张专辑。那些日日夜夜自有一种抑扬起伏的脉搏，合着那自然的节奏，我和伯纳德如同两辆擦身而过的列车，分别占据了一天的两端：他选择在早上和下午埋首于错综复杂的吉他加录，将夜晚留给我；而我则在黑暗的掩盖下像吸血鬼一样潜进门，开始我的夜班值守。不消说，艾德自然是被塞进了我们俩遍布裂痕的紧张关系中间，被迫充当和事佬，化解显而易见的不安。他硬着头皮担负起吃力不讨好的任务：竭力将碎掉的部分粘回去，或者至少阻止事态继续恶化。

艾德自然会尽量婉转，通过他反馈给我的信息杀伤力总会有所减弱，然而从他的话里我还是渐渐拼出了一个印象：伯纳德似乎感觉被困住了，他患上了幽闭恐惧症，被锁在他的角色里极其不幸福。他显然不再像以前那样爱自己的乐队了。我记得我对此的反应很是复杂：有对前路的焦虑、此起彼伏的失望与悲伤，还有被背叛的噬骨之痛，如此种种滋味混在一起，让我的感情变得摇摆不定，情绪变化无常。然而这些情绪有时候又会被一股匪夷所思的自大狂倾向抵消——那是一种怪异的期待感，期盼看似避无可避的变革赶紧爆发，掀翻一切。我猜听天由命是当时的我呈现给乐队队友、经纪人和唱片公司的印象，表面上我装出坦然自若、气定神闲的样子，私底下其实不安又害怕，却又无法成熟地承认这一切。我和伯纳德的决裂肥皂剧难免会淹没整张专辑的叙事，因为整个过程感觉极其消耗能量，也太令人窒息，是深埋在专辑起源里的一个让人无法视而不见的要素。正是这样的闹剧搭起了整部作品的框架，使它诞生在有血有肉的人类环境，为本质是抽象艺术的音乐带来了更加具象的元素。它们赋予了专辑一个背景故事，一个镜头，让人们得以通过该镜头观看并解读歌曲。然而在无处不在的私人事务之外，我们还有安静严肃的工作要做；即便个人关系已风雨飘摇，我们还有一张唱片有待完成。到了这个时候，我想艾德大体上已经学会了信任作为艺术家的我们，在创作上开始越来越放手让我们自由去干，任由作品的质量去掌控唱片的方向。个中原因之一大概在于，无论个人关系如何，在创作上我们依然很幸运地处在尼尔·坦南特[1]所说的"帝国阶段"，即一支乐队在玩得游刃有余之后就会进入的一段神奇时期，感觉好像做什么都不会出错，也没有任何质疑和重塑的必要，创作全凭直觉且劲头势不可当。所以让我郁结的根本原因不过是：我们本该用于创作、用来推动自己进步和成长的精力白白浪费在了看似琐屑且不必要的内斗上；还有，我们费尽千辛万苦才有了今天，却如此轻而易举就要弃之如敝屣，一想到这个事实我就忍不住发狂。不可否认，我们之间偶尔也会出现看上去很有凝聚力的时刻，譬如伯纳德在《我们两个人》里的华丽钢琴演奏，还有他永远启发人心的音乐才华以及不知疲倦的完美主义追求，但这一切都像是裹着一层薄薄的芒刺，像被包在一团瘴气般的焦虑里，我们时刻战战兢兢，生怕碰到一点就着的导火线，同时感觉到一种破灭的宿命正在尘埃落定。

1　Neil Tennant，英国电子乐二人组宠物店男孩乐队（Pet Shop Boys）的成员，与另一位成员克里斯·洛（Chris Lowe）合作创作词曲。

　　我发现这一章特别难写。重新梳理这段旧事并不让人愉快，所以如果我有迷失在某种矫情的绝望情绪里走不出来，希望你们能谅解。但我太想搞清楚究竟是哪儿出了错，这对我来说意义无比重大，而我能采取的唯一办法就是以我最大限度的坦率，尽可能思路清晰地直面事情的来龙去脉。反思过去常常让我饱受煎熬，我总是会在心里编造出另一个版本的历史，假设自己勇敢又镇定地直接面对所有问题，而非躲进脆弱的人设之壳，用虚无缥缈、变幻无常的成功来掩饰自己。不幸的是，现实中我没有这样做，而是对伤口置之不理，任其溃烂。有一天，我去石头大师录音室录制《沥青世界》的人声部分，路上顺便买了一本现在已经停刊的杂志《声音》（*Vox*），里面有一篇伯纳德的访谈。我非常了解大众媒体是如何断章取义，如何将人们的关注点导向他们想要强调的东西的，但即便看穿了媒体歪曲事实的机制，我依然在这篇文章里看到了一个极不如意之人的胡言乱语，矛头直指我。那是一通让人不快的抨击，将我塑造成了一个对音乐无感、反应又迟钝的家伙，有点无能，又很浅薄，完全就是伯纳德纯粹的音乐追求与卓越音乐才华的对立面。有一说一，几天后在查理的协调下，他确实在私下里跟我面对面，含含糊糊、不情不愿地道了个歉，但为时已晚，伤害似乎已无法挽回。他幼稚地当着媒体的面批评我，乃至被后者抓住了把柄，像战利品一样向公众展示，这真让人感觉既残酷又羞耻。我当然明白他只是在不加修饰、不留情面地坦率表达自己的怨气，但这种行为似乎越了界，将本该留在私人层面的事捅了出来，因而无可避免地加深了背叛的嫌疑，也自然而然成了点燃火药箱的火花。此话看似有些讽刺意味，毕竟我自己也在此公然披露这段剪不断理还乱的私事，但我只不过是借此抒发一些伤痛和困惑——从这一整章的字里行间里我依然能感觉到它们的存在——并与之和解。读完《声音》那篇文章之后，我马上投入了《沥青世界》的录音。当我唱起这个关于嫉妒与猜疑的混乱故事时，我的心依然在刺痛，苦涩怨恨的气流绕着我疯狂打旋。但愿我将那种状态传递到了歌里，而且我也乐意相信，你们能从歌曲冰冷、戏剧性的氛围中听出我当时的情绪。此事令人惆怅地体现了一句格言："痛苦是暂时的，但艺术是永恒的。"

　　除了批评我，伯纳德还将越来越猛烈的炮火对准了艾德，抓住后者身上被他视为短处的地方大肆抨击。我必须指出一个事实，在这个节骨眼上，伯纳德好像变得比以往更加独断专行，分歧不只存在于他和我之间，似乎连整个团队都分成了两边：一边是伯纳德，另一边是其余所有人。我想，无论何时当人们回过头去看这段恩怨，总是会想当然地简单视之为他和我之间的冲突，一对创作者之间的战争——如此兼具悲剧和浪漫色彩的故事常常叫人难以抵挡，完美体现了世人对创造力的两极化及其内在矛盾的主观理解。然而事情的真相却是，随着日子一天天耗下去，伯纳德陷入了无法排解的抑郁，于是开始挑衅每一个人，与作为一个整体的乐队本身为敌，而作为乐队主脑，我莫名就成了它"邪恶"的代言人，因此首当其冲地承受了他的焦虑。老实说，我好像记不太清当时一连串事件的前后顺序了，也有可能是我记错了，但考虑到当时我和他的关系已经破裂，我们两个人似乎不太可能会坐下来，心平气和地讨论他对制作方面的意见。恰恰相反，他的不满透过种种刺耳的悄悄话间接传到我的耳朵里，然后事情发展到了一个危急关头——在一系列不断升级的事件之后，他发出了最后通牒，强迫我们做出抉择：要么炒了艾德，要么失去他。那天下午，北伦敦的上空阴云密布，最后几缕日光正在消逝，马特、西蒙、艾德、索尔、查理和我怀着沉重的心情齐聚在贝尔塞兹公园的一间公寓里，试图从令人眩晕的事态转变中理出一个头绪，经过一两小时的郑重讨论，电话被递到了我的手上。通过充满杂音的电话线路，我向伯纳德摊了牌：我们的决定是留下艾德。在做出这个重大决定时，我的本意并不是要取艾德舍伯纳德，我只不过是拒绝被要挟而已——在我看来，那不过是孩子气的权力争斗，而伯纳德只是在耍手段，企图在被他渐渐疏远的乐队里重新攫取一些影响力。我不知道他原以为我会做出怎样的回应，但我忽然明白了一件事：他这种做法或许是在潜意识地松手让自己离开，不然的话，至少也是在逼我为他做出选择。事已至此，我是真的想不出有任何事或任何人能说服他长期留在乐队，就算屈从他的要求也只不过是让必然发生之事推迟发生而已，因为明眼人都看得出他过得极不开心，在他内心深处怕是除了退出之外别无所求。想到这里我豁然开朗，其实解决办法只有一个：与其大家一起沉沦在这场激烈的冲突中走向毁灭，不如采取一种举措将损失控制在最低程度，能让我们完成手头的专辑就行。从某种意义上来说，回应伯纳德的最后通牒就好像是在回应一次恐怖主义行动，两者的共同点在于：一旦向它妥协，你就等于是开了个先例，进而将主控权拱手让与他人。艾德对《狗·人·星》的技术处理能不能做得更好？大概能。是的，而且我想他会第一个站出来承认这一点，但此目的绝不需要通过斗个你死我活的方式来达成。于是在那一天，我决定叫停伯纳德的虚张声势，无论是好是坏，这个决定都是真正的人生转折点，往后它也将继续缠着我，直到我的人生终结。

生命中什么事都可能发生，尤其是无事发生

　　石头大师一号录音室的混响间沐浴在40瓦灯泡投下的暗淡红光与阴影里。熏香飘出的烟圈在空气里蜿蜒缭绕，剩下的三位山羊皮成员在自己的乐器前面各就各位，开始演奏。我笨拙地在钢琴键盘上摸索着，先弹出了几个爵士风味的和弦；西蒙的鼓棒跳跃在套鼓之间，敲出轻巧的鼓点；马特灵动的贝斯稳稳扎在了底部。这段乐器小节结束时，我开了口，没有经过扩音的尖厉歌声单薄地映衬着乐器的重响，消散于房间的空洞里。"高挑黝黑，年轻可爱。"（"Tall and tanned and young and lovely."）我们正在排演的是《来自依帕内玛的女孩》（*The Girl From Ipanema*）。

　　伯纳德离开以后，说实话，最初几天我们所有人的内心都充满了一种古怪的喜悦；那种感觉就好像一块压得让人透不过气的重物终于从我们心头卸了下来。过去冲突不断的六个月着实是一段恐怖的经历，让人心力交瘁、精神萎靡，心情不是一般地郁

闷，所以卸下这块巨石之后，一种发自内心的解脱感立即涌了上来，叫人有些飘飘然。当然，这种感觉就像廉价的兴奋剂带来的快感一样转瞬即逝，且本质上也是一种人造的假象，而潜藏在这脆弱的安心感背后的则是一颗不确定的怀疑之心。想来我是在用一张薄薄的职业化面具来掩饰自己的被背叛和无措之感，因为我相信，唯一能让我跨过这道巨大难关的办法就是让自己看上去若无其事，仿佛只是在随便解决一件微不足道的小事。可我又能怎么办呢？伯纳德显然过得很不开心，哪怕再深刻的自我反省都无法让他回头，所以我忽略了自己内心的对话，继续去做我唯一知道该怎么做的事，即全身心地投入工作。很遗憾，昔日的友情竟碎裂至此，空余一段回忆，但我内心依然徘徊着一片悲伤的暗影——我为自己失去了一位曾和我同甘共苦、形影不离的人而惆怅。我常常反思伯纳德和我缘何一步步走到了形同陌路的地步，而在这段友情变质之前，我们一直都保持着独一无二的亲密关系。人们在看待自己与他人的冲突时，往往忍不住将"过错"推到对方头上，然而事过境迁，经过四分之一个世纪，但愿我们都摆脱了简单的冲动支配，能放眼去看看将我们引向分道扬镳的客观原因。有一个很大的可能性就是，功名和金钱扭曲了我们性格中的先天差异。不可否认，我有一项不那么让我自豪的性格特征，即我一直怀有冷酷无情的企图心，早年尤甚。从金字塔底层摸爬滚打向上攀登的贫苦岁月让我炼就了钢铁般坚强的意志，所以当我们终于开始受到瞩目的时候，我记得自己伸出双手紧紧抓住每一个降临到我们面前的成功机会，生怕之前一路上遭遇的冷漠会再次浮出水面。拮据的童年给我灌输了一种可悲的对贫穷的恐惧，以至于我无论如何都不想再回到那样的生活。伯纳德在意的则是别的问题。除此之外，我想他对前途的疑虑一直远大于我，他更担心其中埋伏的诱惑与陷阱，所以总是暗自害怕变得太成功，而且他也正确预见到通往功名之路上无处不在的牺牲，以及俯拾即是的幻灭与苦难。随着时间的推移，我开始发展出了主音歌手特有的习性：渴望成为聚光灯的焦点。而另一方面，不断上升的运势却激起了伯纳德截然相反的反应——想必他一定难以接受我们的改变，觉得我们在主流的道路上走得太远，背叛了自己另类摇滚的根源。现在看来，他的洞见相当值得钦佩，但不幸的是，当时我们都太年轻，不够理性，无法将自己对这种事的感受用语言说明，所以裂痕越来越深，误解渐渐激化，分歧也日益扩大。平心而论，现实的扭曲可能给我们每个人都造成了某种程度的伤害，但只有伯纳德选择把它当成洪水猛兽，因此相比其他人，他更不愿意与之同流合污。由于无法克制反感之情，想必他或多或少会感觉有些孤立，因为他的队友们并没有跟他共情。在我看来，他一直都比我们其他人要古板严肃得多。当我们乘着声名的浪潮甘愿接受无常命运的摆布时，他总是更加审慎，对与我们共事的人也常常抱有不信任的态度。事后看来，他的谨慎在许多方面都值得称赞，而且像他这个位置的人能做到这一步，可谓心思敏锐。然而对于马特、西蒙和我而言，我们只是单纯地觉得或许有必要全身心地投入我们疯狂的征程，将所有的疑虑暂且置之脑后——当然，我们很清楚无人能全身而退，只有彻底委身于这股浪潮，顺应它让人眼花缭乱的节奏，它才会将你带到某个目的地。

伯纳德被放逐出乐队以后，我和他的关系进一步恶化，因为我们开始以媒体作为掩护互相攻击。诚然，我们还是过于天真，未意识到这么做正中记者们的下怀，然后他们果然从采访中巧妙提炼出尖锐的戏剧冲突并加以放大，将我们之间悲伤而真实的隔阂渲染成一出博人眼球的廉价肥皂剧，因为他们知道这样做会让报纸大卖。我很后悔在那段时期没有保持风度和自制力，否则我定会有尊严地保持沉默，绝不去干多余的事，因为谩骂只会让我们之间的怨恨变得更深，而昔日我们的友情曾蕴含着那么崇高的理想，缔造了那么多美好的东西，最后全部化为乌有，只剩下一场恶语伤人、鸡零狗碎的公开口水战。这段宿怨经过丑恶的媒体机制歪曲之后，几乎让我们之间连基本礼貌都荡然无存，差不多过了整整十年，我们才终于能够带着仅存的一丁点文明的残迹，重新去接触彼此。

随着一开始那阵异乎寻常的解脱感渐渐消退，我们进入了一段类似过渡期的短暂时光。一个任务摆在了艾德和我的面前，即要在失去了一大创作灵魂的情况下完成新专辑。像《沥青世界》的长度问题通过磁带剪辑（那时候是用史丹利牌木工刀、瓷器专用铅笔和一些胶带手工完成）就能轻松解决，除此之外的其他音乐分歧现在也都任由我们决断了。伯纳德曾想在《野性的人们》结尾加一段长长的尾声——一段突兀地接在全曲最后的全新乐章，如同"机器传送来的神明"[1]，但我和艾德都觉得这有悖于整首歌的流行内核，强行将歌曲拖进了前卫的领域，但感觉并不舒服。于是我们决定进行一个平实的操作：去掉这一段，换成反复循环、逐渐淡出的重奏。这样出来的效果无疑没那么挑战听众的耳朵，但似乎更加呼应整首歌简单的美。另外我们还加入了一些音效，以强化专辑的新鲜感，譬如《这好莱坞生活》中一段扭曲失真的萨克斯风淡出到吉他前奏，还有《我们是猪》结尾处颇有《蝇王》氛围的邪恶童声合唱。还有些想法没有可行性。比如，艾德曾有个很奇怪的执念，非要录一段踢踏舞的声音放进《我们两个人》做一个节奏音轨，为此他甚至特地去雇了一个人来跳踢踏舞。所以当时我透过控制室的玻璃，看着那个可怜的家伙拼命追逐着艾德诡异的愿景却终是徒劳，我不禁生出一种超现实之感。通过这件事可以看出艾德的制作风格有点古怪，总是异想天开，既可爱又让人恼火，多年来一直为我们善意的调侃提供了弹药。

　　之前我们写好的歌里面唯一没有录的一首名叫《香蕉青年》（*Banana Youth*），这是一首气势恢宏、跌宕起伏的中速抒情曲。在专辑发行后的采访中，当我被问到专辑主题这一意料之中的问题时，我的标准答案是："这是一张关于野心和抱负的专辑。"如

1　deus ex machina，古希腊和古罗马戏剧常常用突然降临的神来推动剧情，或对剧中人物的命运做出裁决作为全剧的结局。在剧场中，扮演神的演员通过马蹄形舞台尾端一面高墙顶上的机关降落到舞台上，故称"机器传送来的神明"。

2　*Lord of the Flies*，英国作家威廉·戈尔丁（William Golding）的长篇小说。书中故事发生于虚构的第三次世界大战的一场核战争中，一群儿童在撤退途中因飞机失事被困在一座荒岛上，起先尚能和睦相处，后来邪恶的本性开始膨胀，导致他们开始互相残杀，气氛变得荒诞、阴暗而绝望。

此不着边际的公关屁话真是个耻辱，因为它完全没能点出专辑更真实、更黑暗的主题，即分裂、异化和混乱，事实上我只不过是在打肿脸充胖子，只是戴着一击即碎的欢笑面具，故作乐观地面对显然未卜的前途。真正符合那个官方答案描述的大概只有《香蕉青年》一首，后来我给它起名叫《力量》(*The Power*)。就像一般新歌的录制过程一样，《力量》的录音也是乘着一路高涨的热情进行。为了加强新团队的默契，我们在录音室用三件套乐器现场演奏，录下了鼓、贝斯和原声吉他的声音，然后雇了一个客座乐手模仿了小样里伯纳德的电吉他部分。事后看来，把这首歌加进专辑就是一个错误——它完全失去了伯纳德的棱角与粗粝，跟专辑中的其他歌曲放在一起总是显得不够分量，也格格不入，就好像餐厅里一个小孩子不小心坐到别人家的餐桌上一样。

　　为了解决专辑里最棘手的一道难题，即《静物》的编曲，我们做出了一个在当时看来算得上激进的决定：加入管弦乐，并雇了一位跟斯科特·沃克合作过两三张唱片的人来编写。我认为这个基本想法是没错，但在施行的时候用力过猛，而且由于经验尚浅，我们还不明白更朴素的编曲才更能调动歌曲内在的戏剧性这个道理，结果无端给这首歌添加了一丝不讨喜的新古典主义浮夸感。庞大的弦乐部能给一首歌镀上一层专业化的金，这个诱惑让人很难拒绝——你莫名就会将它视为对你作品的一种专业加持，因而受到它的蒙蔽，以为这么做是在让作品变得更好，但实际上却常常适得其反。等我们到了沃特福德的CTS录音室，听到那40人的管弦乐团为我们的小歌伴奏的时候，一切都为时已晚，重金已经砸出去了，这时候再去吹毛求疵未免显得不太礼貌，毕竟当时我只是隐约感到有点不对，之后问题才逐渐显现出来。很遗憾，我认为排山倒海的管弦乐着实摧毁了一首如此动人的歌，从那以后，每当碰到类似的状况，我都会以此为戒。我真希望当时我们能有勇气选择一种更简单、更"实在"的方式，但毕竟我们还年轻，还怀着雄心壮志，也许这样的错误不可避免，而你只能从中汲取教训。与此同时，在伦敦另一边的某间录音室，伯纳德独自一人默默地为《黑或蓝》编写着吉他和键盘的原带加录音轨，以履行他最后的合约义务，然后彻底摆脱山羊皮的束缚，获得他朝思暮想的自由。

《狗·人·星》的完成让我们有了可以把握的实在之物，但那个充满不确定性的诡异黑暗的夏天依然徘徊不去，当我们不得不计划下一步的时候，新状态带来的新鲜感渐渐转变成了一种无声的恐慌。山羊皮向来具有一种反骨的精神：一直都在做与人们的期待相反的事，乐意说不，乐意让人大吃一惊，并且总是恶作剧似的拒绝服从。所以当整个世界都在说你们完蛋了的时候，我们反而决定继续走下去。但问题来了：我们从来都不曾真正融入其他乐队的圈子。对于伦敦音乐圈，我只在一开始有过短暂的涉足，之后很快便失去了兴趣。随着名声（次要因素）和麻药（主要因素）可恨地蚕食了我的生活，严重扭曲了我对旁人反应的判断力，我原本就有的轻微社交恐惧发展成了完全的神经症。我想我可能具有一种典型的性格特征，即因为天性羞涩而刻意与他人保持距离、不能合群，然而这一点却会被误认为是目中无人的傲慢。与音乐人同行的圈子缺乏任何交集导致我们更难寻找新的吉他手，因为我们压根儿就不认识什么吉他手。我们也从未做过"音乐人的乐手"，我想大概是我们太高高在上了，看上去太有野心也太过高冷，不像会给别人打下手的样子。这也是山羊皮乐队的形象特点之一，在某种意义上也呼应了我儿时对社会"缺乏归属感"的一面，因为对别的乐队我从未产生过什么亲近感。另外，我想我们本来就很向往不按常理出牌的行事风格，故而有意避开了找乐手的常规渠道。所以我们既没有给加里·摩尔[1]打电话，也没有举行面向大众的大型选拔会，而是最终邀请到一位默默无闻的未成年人来做我们的吉他手。

　　有一天，我和查理在他位于普罗沃思特大街的办公室里一边喝奶茶一边聊天，我的手指快速翻过一叠邮件，发现其中有一个黄色的泡沫信封，信封里装着一盘录音带和一封短信。它来自一位名叫理查德·奥克斯（Richard Oakes）的年轻人，在信中他很随意地表示愿意接替伯纳德的位置，为我们效劳。他的无所忌惮令我赞赏，于是我将磁带插进立体声音响，准备听他展示一下沉闷无聊的业余水平演奏。然而，当他弹的《我无法满足的一个》从音响中放出来的时候，居然相当扣人心弦，不仅情绪饱满、有起有伏，也不乏细腻之处，而且技术显然极其精湛。查理的激动不亚于我，他拨通了信上留的电话号码，电话打到了理查德位于普尔市的家里。经过跟他妈妈的一番长谈之后，我们了解到理查

1　Gary Moore，出生于北爱尔兰的布鲁斯吉他大师，曾任瘦利兹乐队（Thin Lizzy）和穷街乐队（Skid Row）吉他手。

德才17岁，还在上中学六年级。这一事实起初让我有些担心，而且事后看来，再多点担心也不为过，但当时我还是有点轻率了，越想越觉得这种反常的状况很妙，于是我们选择相信直觉，把他弄到伦敦进行了一场面试。当理查德长途跋涉来到萨瑟克区一间排练室的时候，还是个一脸稚气的少年，跟我们站在一起有种奇怪的违和感，即便如此，他看上去依然一脸自信、和善可亲，而且谦逊得让空气都变得清新。他个子小小的，一头长长的黑色直发在额上聚成了一个美人尖，棱角分明的英俊骨相总让我依稀联想到年轻时的大卫·吉尔莫[1]。我们喝了茶，客套了几句。而当他脱下大衣、插好吉他以后，出类拔萃的才华立刻让他变了一个人，我们之间的力量对比顿时掉转了过来——仿佛他成了老手，我们才是一群新人。

　　理查德是我合作过的最具天赋的音乐人。他拥有一种可怕的能力，耳朵很好，能听出音乐里暗藏的潜力——像我根本都意识不到，更不用说将它弹出来。这些年来，他不可思议的才能经常让我想到叔本华的一句名言："人才命中别人命中不了的目标，天才击中别人看不到的目标。"因为他对音乐的理解总是剑走偏锋，完全不同于我个人不得不经历的那种磕磕绊绊、一波三折的学习过程。我想他大概就是因为技术太好了，流畅的演奏太信手拈来，所以未能经历我们大多数人都必须艰难克服的种种磨难与教训。音乐于我而言是发自本能的东西——我尽量让自己的耳朵

1　Dave Gilmour，平克·弗洛伊德乐队的吉他手。

去工作，让大脑回去休息——所以第一次听到理查德跟我们排练时的演奏，我就知道我们找对了人。当然我们也明白，他与我们之间光是年龄差距就足以造成各种代沟，在尽力填补这些代沟的同时，我们需要花费数年的悉心努力才能让他完全融入，除此之外还得面对由此引发的无数麻烦事。但在理查德身上，我看到了一种未经打磨的天赋，就像一粒种子，只要给予适当的条件就能破土而出，并最终开花结果、茁壮生长，所以我们决定赌一把。选择理查德可能也是我在无意识地操纵权力：用一位在我看来顺从听话、能被随便揉捏的人来取代之前那位唱反调的挑衅者，由此进一步攫取乐队的控制权。肯定有人是这么看我的。坦率地讲，记忆里我不曾有意识地打过这种算盘，然而时间会模糊掉一个人的阴谋诡计，尤其对他自己而言，遗忘常常来得更快。在过去那无法言喻的几个月里，与伯纳德之间叫人无法忍受的摩擦一定绷断了我体内的某根弦，所以无论有意还是无意，想把事情往另一个方向扭转的控制欲无疑潜藏在我的身体里。

我们别无选择，只能不管不顾地将理查德赶鸭子上架，为此，我们安排了两场演出。第一场是在巴黎一家肮脏的小俱乐部，另一场则是托特纳姆法院路边上的基督教青年会（YMCA）。两场都乱得无可救药，好不容易才从停滞和自我怀疑中重生，我们将鼓噪的能量化成汗水，制造出震耳欲聋的噪声。我的亢奋可能过度弥补了理查德的经验不足，但他其实很好地履行了自己的职责，似乎完全没有背上所有人都认为他应当感觉到的压力，举手投足都很稳健，而这种稳健自此也成了他标志性的台风。后来我就此事问过他，他告诉我这只是因为他的视力太差了，连第一排的观众都看不清，更不用说去看后面是什么状况了，所以整个现场在他脑海中留下的画面就是一片怪异、抽象的污点，一点也不吓人。几年以后，他终于给自己配了副隐形眼镜，然后跟我们说戴着它参加的第一场演出就把他给吓坏了，好几年来一直被他视而不见的人海最终变成了一张张活生生的面孔呈现在他眼前。我们让他搬到了伦敦，安排他住进一间分租的套房，他的室友中有一位是我们的好友麦克·克里斯蒂（Mike Christie）。早在1993年春天，我们联系了德里克·贾曼（Derek Jarman）来为《如此年轻》拍一部宣传用的音乐录影带，由此结识了当时正跟贾曼一起工作的麦克。悲剧的是，当时贾曼已罹患艾滋，并已经进入这种可怕绝症的晚期，病入膏肓的他根本无法完成工作，不过麦克为我们引荐了贾曼的两位学生大卫·路易斯（David Lewis）和安迪·克拉布（Andy Crabb），最后这两人还接受了我们的委托为《狗·人·星》巡演拍摄了一系列影片，由麦克担任制作人，用于演出时投影在我们身后做背景。多年来，麦克成了我们亲近和信赖的朋友，他忠诚，富有洞察力，而且常常聪明得叫人害怕，和他相处也是欢乐多多。他一直跟我们共事，就像我们的家人一样，一路陪伴我们度过风风雨雨。他为我们推广了伯纳德离队前夕那场激烈炽热的黑池塔舞厅（Blackpool Tower Ballroom）演唱会，最后将大把青春浪费在泡浓得难以置信的咖啡以及听我们抱怨巡演上，当然还有后续，2018年他又执导了纪录片《无法满足的他们》（The Insatiable Ones）。言归正传，当年的理查德还是个稚嫩青涩、未谙世事的乡下孩子，陡然就被我们从安全舒适的家里拽了出来，塞进了鼎沸的大都市熔炉——不只是首都纸醉金迷的摇滚圈，还有灯红酒绿的伦敦同志社群——活像是现代升级版《远大前程》中的皮普[1]。我们或许有点莽撞了，强行换挡加速将他带上了另一条人生轨道，而他的沉静和不形于色的性格则又一次引导他渡过了难关。

理查德所受的炮火洗礼还在继续，接下来我们踏上了一轮仿佛没有终点的漫长巡演，被折磨得苦不堪言。我们的活动范围缩小到了被雨水无情冲刷的巡演大巴窗户里，情绪收放如发条装置般有序，被周而复始的诡异日常节奏所囚禁。理查德第一次东京之行就在酒店被一群疯狂歌迷堵住了，有一对相貌非常清纯的娇小日本女孩拉着一条巨大的横幅，上面很搞笑地印着几个大字："理查德请上我们"，可能是翻译错误吧。有一次在汉堡，我们其他人都在绳索街[2]喝酒作乐，丢人现眼地沉溺于酒池肉林，他却被我们锁在了酒店房间里与一把木吉他为伴——临走前我们开玩笑叫他不准出来，"除非写出一首热门歌曲"。令人惊异的是，他不仅没让我们滚，反而真的以一首乐曲回敬我们，这首曲子后来成了《一起》（*Together*），为我们失去了伯纳德的创作生涯亮起了第一缕曙光。巡演沿着欧洲大陆的高速公路向前推进的同时，我们各自的私生活也被迫融合在了一起，所有人变得亲密无间、志同

1　狄更斯的小说《远大前程》讲述了乡下青年皮普梦想成为上等人，最终在一系列的转折中幻灭并回归现实的故事。

2　Reeperbahn，德国汉堡著名的红灯区。

道合。我们一起抽烟，一起听歌，一起欢笑，一起计划未来，越来越强烈的背水一战心态将我们原本就紧密的小团队更加牢固地绑在一起。我们强烈意识到一场黑压压的风暴正在积聚，媒体的负面声音正在甚嚣尘上——在有了别的选择之后，他们越发将我们看得无足轻重：一支"行尸走肉乐队"，伯纳德离开之后，其余人的存在再也不可能具有任何意义。更让人沮丧的是，对此我们无法做出任何回应。虽然我们极度渴望重新证明自己的创作实力，却无法从单调的宣传任务中脱身，迫不得已只能为了一张仿佛与我们已无关联的专辑到处巡演。这就像一场试炼，虽然是强加的，很多时候并不愉快，但终究是必要的。理查德还没有准备好作为一个创作者发声，还需在我们的影响中浸淫一段时间，这对我们下一张专辑的形成至关重要。我一想到他在那么小的年纪就被要求承担那么多事，而他居然既没被压垮也没有崩溃，我就觉得不可思议。除了要攻克技术难关，弹出伯纳德的吉他部分之外，他还不得不蒙受羞辱，一直待在伯纳德的影子里，永远逃不过被比较，而且总也占不到上风。当然，他既然进了乐队，担任起这个新的角色，自然就会引发这样的后果；但另一方面，我想他隐忍的性格也发挥了很大作用：一贯低调，从不招摇，对于媒体暗暗偏爱的摇滚圈的滥俗狗血剧情，他总是唯恐避之不及。我猜他很早就意识到跟伯纳德存在感极强的形象做比较是毫无意义的，所以他选择安静地做自己的工作，直到今天他依然是这么做的。我们的关系一开始就不平衡，我想这些年里也不是一点后果都没有。因为他比我们小太多的缘故，我们一直都需要极其小心地维持平衡，把握合适的尺度对他进行鼓励，以使他跟上我们的速度。他高超的技术弥补了一些差距，但我还是不时担心自己管不住小问题造成的负面情绪，任其流露出来影响我们之间的关系，我也相信他可能从某一刻起就开始把我视为一个高压独裁的"师长"角色，而非我自己一直都想成为的朋友和队友。有个问题我思考过很多次，即我有没有给他足够的成长空间，让他从伯纳德的影子里走出来，成长为独当一面的艺术家；而另一方面我是否又在宿命的操纵下，有心机地按照伯纳德身上无法否认的一些优秀品质去引导他、塑造他。理查德有一次给出了一个绝妙的描述，称加入山羊皮是"发生在我身上最好的事——也是最坏的事"。这句揶揄之语完美道破了他所陷入的两难困境：山羊皮的吉他手是他永远无法拒绝的角色，但同时也是几乎没有任何可能超越的角色。

《狗·人·星》发行之后，好评如潮。媒体评价说它出自一支敢于跳出自己局限、突破到未知新领域的乐队之手，但细小的杂音同样无处不在，絮絮叨叨的潜台词无非是怀疑在那位公认的创作灵魂被如此野蛮地赶走之后，我们还能如何继续下去。不安的闲言碎语持续了一段时间，大众对山羊皮的信心也开始逐渐消退，恰巧但并非偶然，就在此时一拨新乐队冒了出来，他们挥舞着大旗，抛弃了 h 音[1]，像一群社会游客似的描绘了一部英伦生活的卡通片：居高临下、粗鲁愚昧、狭隘民族主义。媒体的目光被他们吸引，然后像追着球跑的孩子一样跟风而去。

---

[1] 指故意模仿伦敦东区即伦敦下层无产阶级口音。

第三部分

每个爱过我的人都曾失望过

小储藏室的墙上布满蓝丁胶的残痕，1960年代流行明星的照片和从杂志里随便撕下来的内页胡乱钉在上面。把橘色的隔音材料分隔成一块一块的白色油漆木框上，一张张A4横线纸在电风扇的人造微风中轻轻飘荡，纸上密密麻麻地填满了手动打出来的文字。外面的夏日闷热潮湿，而在我新公寓的这间狭小拥挤、密闭隔音的创作室里面，空气凝滞又压抑，叫人无法忍受。我把一盘磁带插进便携录音机，俯身靠近我的SM58麦克风，我的鞋子踩在橡胶地面上嘎吱作响，额头上渗出一串串汗珠，就这样，我继续埋头于那项西西弗斯式的工作——创作一张专辑。我和艾伦已经搬到了切斯特顿路上一座明亮的顶层复式公寓里。这条街位于北肯辛顿，肮脏破败，遍地狗屎，一排排墙皮剥落的中下阶层维多利亚式房屋被分割成了难看的公寓房。这里与我在1980年代末那个宿命的10月夜晚第一次见到伯纳德的地方相隔不过几条街，而这套公寓则具有牧羊人山的房子所没有的一切：明亮，都市化，洋溢着一种轻松热闹的活力。它分成上下两层，所以当你费点劲爬上公共楼梯之后，首先看到的是阴暗逼仄的一层，这一层有几间卧室和上述的小工作室。再往上爬几级台阶，一大片空间就会展现在你眼前，其中最醒目的是一套L形黑色大沙发，它正对着一个铺着廉价瓷砖的小水泥阳台，阳台则向西面朝牧羊人树丛街区和希思罗机场的飞机航路。比起之前海格特的公寓，这里光线更好，看起来更现代，而且总让我感觉有点像大卫·霍克尼[1]在1970年代刻意化繁为简的一幅洛杉矶风景画，然而不变的是到处散落的堆满烟蒂的烟灰缸和穆拉诺[2]玻璃打火机，以及随意摆放着各种物件的不锈钢玻璃茶几——我们常常围桌而坐，消磨着青春年华。

在大多数午后，我会对着我的麦克风呢喃喊叫，黏糊糊的手指在打字机键盘上噼噼啪啪地疯狂敲打，只是偶尔会被艾伦迅速壮大的后宫里的某位成员打断——她们总是迷迷糊糊、宿醉未消，手里攥着衣服，摸索着去上班的路却不小心闯进了错误的房间，而艾伦依然昏睡不醒，在用睡眠消解前一晚的例行"鸡尾酒"：酒精、麻药和镇定剂的混合溶液。海格特的房子象征着《狗·人·星》潮湿阴暗、深邃复杂的丰富内涵，它阴森迫人的哥特式拱顶与灰暗的平静氛围总是让我联想到和伯纳德一起工作

---

1 David Hockney，英国当代最著名的艺术家之一。在1970年代居住于洛杉矶时，霍克尼创作了许多与泳池相关的画作，其中包括创造了在世艺术家作品最高拍卖纪录的《艺术家肖像（泳池与两个人像）》。

2 Murano，位于意大利威尼斯外海的一片群岛，岛上有成百上千的玻璃工坊，是世界著名的玻璃制品产地。

的最后几个月，那一幕幕扰乱人心的闹剧，所以我想是时候逃离它压抑的存在，奔回西伦敦生气勃勃的怀抱了。艾伦和我又找回了我们在穆尔豪斯路上形成的放浪生活节奏，与其一道回归的还有浪子、毒贩、边缘人和女朋友组成的怪人马戏班。夜晚常常在不知不觉中化为清晨，清晨转眼就进入白天，白天又一次回到夜晚，而我们遗忘了朝夕的变换，沉迷于说胡话、抽烟、聊天、大叫，CD和唱片散落一地，就像一张奇异的地毯流过海草编织的席子。最后当其他人终于尽了兴，醉醺醺地打道回府之后，艾伦和我又会从头再来一轮。虽然这样的生活听上去可能堕落又糜烂，实际上却完全是以一种相当体面的方式进行的，秉持的是轻松热闹的享乐主义精神。艾伦潇洒的魅力丝毫未减，总能确保庆典从不出现一丝冷场。从许多方面来说，艾伦才是这个房子里真正的"摇滚明星"。他既有气场和外型，还穿皮裤，而我则穿着褪色的细条绒裤子，整天窝在自己的工作室，流着汗努力写歌。问题在于他偏偏是在薯条店工作。我常常为他成群结队的情人感到难过，当他深陷宿醉还未清醒的时候，我不得不招待她们。她们经常兴冲冲地跑进来，跟我说她们和艾伦计划要"去皇家植物园野餐"或是"去汉普斯特西斯公园散步"，她们美丽的脸上洋溢着脆弱的快乐，我知道很快就会被击碎。以前我总说那些都是艾伦的"可卡因承诺"，因为它们几乎从未走心，诸如此类的事情让我时常觉得这个世上没什么比做他不幸的女朋友之一更来得糟心。但不管怎样，他撩人的浪子气质总是让他侥幸逃脱。就像猫一样，他一次又一次双脚着地，一旦那张多褶的俊脸上绽开笑容，所有罪过立刻就成了可被原谅的可爱小冒失，失望也即刻被遗忘。

有一天，我在梧桐树下来回散步时遇到了一个名叫萨姆·坎宁安（Sam Cunningham）的女孩。她住在兰卡斯特路的图书馆前面一套维多利亚式改建公寓里。她的卧室里堆满了书籍，有一面朝南的巨大凸窗，正对外面的街面，大到离奇的镶板卧室门，上端几乎快顶到有两层楼高的天花板。她有一颗敏感的内心，却用开朗搞怪的举止来掩饰，她似乎与伦敦那一片区域浑然一体——一位热情的妙人儿，能够也愿意与人打成一片，一双淡蓝色眼睛里含着笑意，一口完美无瑕的贵族口音可以跟遇见的任何一个人聊天。在避险投资者搬进来以前，穿梭在诺丁山拥挤脏乱街道上的形形色色的常客们都认识她，喜欢她。我常常入迷地看着她像变色龙一样周旋于市井商人和小贵族之间，对两者释放同等的魅力与活力，当然了，她为什么不呢？不过她看似随性的举止倒是给人一种无偏见和无阶级观念的绝佳印象。由于我过去经历的每段关系都如同满载着焦虑的紧张戏剧，所以想必我多多少少在她身上看到了治愈我的希望。我们曾一起跟跟跄跄走在拉德布罗克丛林路裂了缝的水泥人行道上，出入各种酒吧和居室，她不做作的处事风格渐渐影响了我，帮助我脱去了冷冰冰的海格特人设保护壳。《萨姆》（Sam）无疑是我为她所作，这是一首有意返璞归真的歌，很不像山羊皮的一贯风格。它试图捕捉同名主人公招人喜爱的魅力，并用歌曲本身来呈现一种相似的感觉。兰卡斯特路、图书馆、她常去喝茶的咖啡馆……这些小细节都是我们当时所处世界的真实片段，是我在试图"以点彩派手法表现逼近真实的事物"——诚如伊恩·麦克尤恩（Ian McEwan）的一句妙语——用真相的小碎片洒满歌曲的画布。我记得那时候我们认识还没多久，在一个朦胧暗淡的夜晚，我抓着一把吉他走进切斯特顿路公寓的卧室，词句、和弦和旋律忽然从我体内喷涌而出，这就是歌曲创作中可遇不可求的灵光一现的时刻，很不可思议，说实话也很不典型。在我看来，这首歌奇怪地游离在山羊皮作品库的边缘，太私人化又太过甜蜜，跟我们以往深入人心的以黑暗戏剧为主体的作品相比显得平淡，即便如此，它依然可以打动我。很可能纯粹只是情感上的条件反射，如今当我骑车经过拉德布罗克丛林路拐角的图书馆时，歌中那一对对短小的韵句依然会在我的脑海中响起，将我带回我和她初遇时那段满目狼藉、如醉如梦的珍贵时光。《一起》也有她浓重的影子。它属于我和理查德联合创作的第一批作品，因此算得上是意义极其重大的一次尝试，有助于我们磨合成新的创作搭档。这首歌抓住了我初遇萨姆的一个瞬间，以游戏的笔触描绘了那个秋日：她蹦蹦跳跳地走在兰卡斯特路上，身穿一件怪模怪样、伐木工风格的格纹短夹克，一头未洗的蓝黑色头发梳向脑后，我们就这样突然相遇，一抹顽皮的笑蓦地闪过她漂亮的脸。萨姆自然而然地就成了我重要的灵感来源，从很多方面启发了我当时正在构思的一批新歌，她将我带进了一个更加温暖、洒满阳光的世界，那里没有那么多焦虑，却依然充满了独特的刺激与浪漫。

　　到了1995年夏天，山羊皮开始被越来越多人认为是气数已尽，我们能获得的最好待遇不过是被当成过时之人用来制造笑点，或者作为反面教材警醒世人，最坏的时候根本就没人想起我们。当时有场派对，我不记得是在《上膛》（*Loaded*）的办公室还是在米尔班克大厦[1]某间会议室举行的，反正我们根本就没收到邀请。随着时尚永不停息地向前行进，时尚的引领者、推动者和影响者们纷纷弃我们而去，我们的伤口被解读为致命伤，我们的未来被蒙上一片惨淡冰冷的阴影。于我而言，那是一段艰难的日子，在媒体的镜子里，我成了一个苦大仇深、越来越边缘化的角色，由于被时代的潮流抛弃而永远怀恨于心，尽管我心里想要不以为意，却还是不由得被那样的自己激怒，性情变得越发暴躁，而与此同时，个体的堕落就好像在同步映照着乐队的没落。我也开始发展出许多尝过成名滋味的人都有的一种典型特征：既像孩子一样渴望被人关注，又本能地想要躲开。这种叫人难受的奇怪矛盾心理脱胎于内心的不安全感，许多努力博取大众眼球的人都会为之所困。它把人变得面目可憎：痴迷于地位，自命不凡，精神过敏，且总是通过揣测他人的看法来确立自身价值。虽然我试图反抗这个掐住我脖子的讨厌幽灵，却常常身不由己地落入它的魔爪，无法公正地评判自己，然后又一次被困于病态的自省和无趣的自恋之间来回摇摆。而写歌就像是从这种自我怀疑的荒蛮迷宫里逃离的唯一出路，是我动荡不安的人生中唯一恒常的主线，也是我随时都能回去的独一无二的避难所。

---

1 《上膛》是创刊于 1994 年的一份英国著名男性时尚杂志；米尔班克大厦则是位于泰晤士河畔的伦敦地标建筑，是英国许多显要政党和组织总部的所在地。

　　有一阵子，理查德和我培养出了一套工作上的对话方式，我们一起写了两三首录出来效果还不错的作品，足以用作B面曲目，可忽然间我们发现自己面临着一项赫拉克勒斯的任务[1]，即创作《狗·人·星》的后继者。要应对如此巨大的挑战，唯一的方式就是将《狗·人·星》抛开，从相反的方向着手。这对我来说非常关键，因为现在的山羊皮实际上已经脱胎换骨，我们也给自己注入了新的生命力和无畏的新鲜血液，所以接下来的新专辑感觉就像是又一张出道专辑——从某种意义上来说它也确实就是。我明白企图做另一张《狗·人·星》的努力只会是徒劳，因为缔造那张专辑的白热化学反应诞生于一场绝无仅有的冲撞，通过异常的环境加上超常的经历才终于到达闪光的顶点，而那些条件再也无法复制，任何类似的尝试都只会让人觉得无比荒唐，无非是拙劣的模仿，且注定将以苦涩的失败告终。我想在理查德身上打磨出一种不同的特质，因为我已看到它如同宝石一般在他身体里闪闪发光，而他也会成就一支更简单、更痛快的山羊皮：依然集快乐和苦痛于一体，但更注重旋律，顺从本能，更加生猛而粗粝。理查德的音乐品位与伯纳德大相径庭，他很迷偏门的后朋克艺术摇滚乐，比如基斯·列文（Keith Levene）和约翰·麦吉奥（John McGeoch）这种，也爱坠落乐队（the Fall）粗糙的超现实主义，但对于1960年代的经典摇滚乐也是如数家珍。我还记得

1　赫拉克勒斯是古希腊神话中的大力神，宙斯与阿尔克墨涅之子，因其出身受到宙斯的妻子赫拉的憎恶，赫拉用诡计让其堂兄弟欧律斯透斯提前出生并当上了赫拉克勒斯的国王。出于嫉妒，欧律斯透斯指派赫拉克勒斯完成 12 项被认为"不可能完成"的任务。因此"赫拉克勒斯的任务"常被用来指代难以完成的艰巨工作。

当时我十分坚决地认定新专辑应当具备一种炸裂的能量，而这样的能量只有通过乐队在一起现场演奏才能制造出来——只需四个人、几块木头和几根金属线就能点石成金，创造出人们可能已听过一百万次但永远常听常新的音乐。制作《狗·人·星》时，我们有如鬼魅附身，以极为分裂的方式创造出了一张杰作，破裂的碎片神奇地拼合成了一个整体，但对于下一张专辑，我希望它能让人一听就感觉得到这支乐队很享受在一起玩音乐，而非一盘散沙、各自为营。跟理查德搭档写歌永远都不会像跟伯纳德搭档那样。理查德显然在经验上差得太多，所以我很清楚自己的角色既是导师又是合作者，既要把我们俩的经验差距放在心里，又下决心不让这种事束缚他的手脚。与此同时，我又急于将他带进我的小世界，让他不再感觉自己孤身一人，因为我知道无论他表现得有多么独立自主，终究也只是个年轻人，被迫离开了自己熟悉的生活，又被强行塞进一个陌生的新环境。我和艾伦常常邀请他来我们的公寓，就只是随便坐坐，让他弹弹吉他，一起听听音乐。如今当我提起这件事时，理查德总会提醒说我老在讲完正事后附加一小张购物清单，要他顺路带来（通常是香烟、猫砂和口香糖），但我的初衷总归是好的。回想起来，他想必是站在得体的门槛上看待我们和我们不同寻常的生活，心里肯定觉得好笑，但是人家天生不爱大惊小怪，只会走过来，在乱七八糟的杂物、烟灰和半空的酒瓶中间找个空位容身，然后用他的吉他演奏挑动我们的神经，或是用他不可思议的模仿才能扮鬼脸，逗得人哈哈大笑。他会坐在一旁观察你，从你的举止当中挑出一个微小的细节或是你自己没有意识到的口误，然后用一种让人捧腹的木然神态给你表演回来。即便是那些看上去没什么特点的人也逃不过他的恶搞。我常常觉得，音乐圈的所得即喜剧圈的所失。

一天早上，我躺在自己房间里，游离于半梦半醒之间。这时我脑中忽然响起了一串儿歌似的简单旋律，几乎就像操场上的合唱，反反复复不断循环，絮絮叨叨萦绕不去："电影明星，泡着吧，开着车，看上去轻而易举。"（"Filmstar, propping up the bar, driving in a car it looks so easy."）我伸手从床边惯常的位置摸过我的迪克塔风录音机，对着话筒哼出了这个灵感，可它却继续对我喋喋不休，不放我回去睡觉。看来只得把它彻底完成了。于是我打电话给理查德，然后匆忙赶往韦斯伯恩树丛路的街尾，到了他位于肯辛顿花园广场的地下室公寓。那天上午就这样蒙上了一层紧迫感，在摆好茶、寒暄了两句之后，我坐在他找房东借来的沙发上，向他演唱了我的曲子，同时用手掌拍打膝盖作为伴奏，以示意我脑海里听到的简单原始的节奏。歌曲创作中极少会出现这样的顺畅时刻，一切都水到渠成，感觉不可思议，就好像那首歌原本就存在，而我们的工作只是抓住它，如同摄影师捕捉一张完美的照片。理查德当场就领悟了它的精髓，然后琢磨出了一段毛糙刺耳、音调逐渐走低的吉他段落，为原曲增添了一层先前没有的深度和复杂性。但我们还缺少能将歌曲从其机械重复的内核中拔高的 B 部分[1]，于是我开始唱道："该相信什么，无法说出口。"

1　民谣音乐常用的一个术语。A 部分和 B 部分可以对应于流行乐中所说的主歌和副歌，但不同于占一首歌曲核心位置的副歌，B 部分通常只是 A 部分的简短延伸和变调。

（"What to believe in, it's impossible to say."）然后理查德为它配上了一段听起来很简单却效果很好的和弦，《电影明星》（*Filmstar*）就这样一气呵成。我喜欢它流于字面意义的浅显歌词：简单，直白，不存在多重含意，却在某种意义上呼应了整首歌浅薄的主题。之后我又编入了一个小细节，以暗示主人公更可能是阿兰·贝茨（Alan Bates）而非汤姆·克鲁斯（Tom Cruise），不过最后的完成品在本质上并未偏离我和理查德在他的地下室公寓里伴着外面伦敦西区熙熙攘攘的杂音写下的原曲。它给人感觉就像是一个真正的分水岭：突然间，我看到前方出现了一条路，径直通向我们下一张专辑，而《电影明星》就是我们的引路之星。我记得最终当我们进了录音室录它的时候，乔治男孩（Boy George）就在隔壁的录音间，我们强行抓壮丁，把他和他的乐队拉过来参加我们的"拍手派对"——艾德经常组织这种活动，目的是给歌曲的结尾做伴奏——那段时期我们很多歌都有这一元素。虽然我不想让本书走向那种不停罗列人名的套路，搞得像是在炫耀自己的名人关系似的，但我还是忍不住要说，我一直都很喜欢乔治。1992年当我们第一次登上《流行之巅》的舞台，惴惴不安地走来走去时，受到了他慷慨亲切的善待，而像这种小小的善意会一直留在一个人的记忆里。说回我和理查德，终于萌发出自信的我们又尝试着用写《电影明星》的办法去完成另一个半成形的想法——也是我用迪克塔风录音机录下的一段哼唱。它很凶猛，犹如来自原始部落的吟唱，节奏是根据我唯一会打的鼓拍编排的——类似闪光带乐队（The Glitter Band）那种简约的节拍，或曰双拍。就像上首歌的情况一样，当我在一个灰沉沉的暗淡午后按响理查德家的门铃时，身上带着的仅仅是一段翻来覆去的哼唱，不过这次歌词的完成度稍微高一点点。我的另一位虚构人物在歌中匿名登场，她算是早年那位泰瑞[1]的延续。其实她的名字叫萨蒂（Sadie），在那之后又出现在了其他几首同时期的歌曲里，但《她》（She）毫不费力就脱颖而出。在这首歌中，我尾随她在伦敦糜烂的后巷穿行，看着她从一张床搜寻到另一张床，无所畏惧地捕食猎物，如同暗夜本身一般瑰丽。我想这位浪漫化的强大女性形象大概与《我的黑暗之星》一脉相承，但相比而言更加坚毅，更具棱角，也更愤世嫉俗。正如歌里描述的，她是一位脚踩高跟鞋、高度风格化的城市漫游女，一个怪人，"像黎明一样糟糕"。我们又重复了一遍创作《电影明星》的流程：我一边在自己膝盖上打着幼稚的节拍，一边唱着歌词，而理查德则配合旋律弹了一串跟《电影明星》差不多粗糙的吉他线，但给我的感觉却耳目一新——那旋转下落的动机几乎带有埃及风。说实话，我并不是特别清楚埃及音乐听起来是怎样的，只是觉得他弹的那段和音有种不寻常的异域风情，而且跟我笔下集不满和性别抗争于一体的肖像漂亮地结合在了一起。还是跟上次一样，这首曲子似乎并不需要严格意义上的副歌，只需用一段简单的B部分换一换挡就行，所以理查德弹出了几个和弦，引出"无处之地"（"nowhere places"）那段，然后再不着痕迹地转回主歌。最后，

1　泰瑞（Terry）是1990年前后山羊皮刚结成时安德森创作的一首歌《变成金发》（Going Blonde）中的主人公。

我用假声的"呜呼"(whoo-hoo)钩子收束了全曲。这是受到"嚎叫野狼"(Howlin' Wolf)经典之作《烟囱闪电》(*Smokestack Lightning*)的启发,可能是因为当时那首歌被用作广告曲,所以才一直在我脑海里回荡。有时候当这样的瞬间降临时,会让你产生一种错觉,以为它会一直延续下去,但无论如何,自从1995年创作《电影明星》和《她》的那些铅灰色下午过去以后,我们再也没有找回当初简简单单、无拘无束的写歌状态。

那段时间,几乎每天晚上我们都过得糜烂不堪,疯狂地酗酒嗑药,而我们的公寓则变成了一个变幻不定的舞台,流连着形形色色的社会边缘人。在一个这样的夜晚,我和我的一位朋友加里·弗朗斯(Gary France)把自己折腾到一塌糊涂,当曙光在西伦敦的天际线上乍现之时,我抓起了一把吉他。我们俩坐在那儿,望着窗外的牧羊人树丛,突然醉醺醺地哼起了不成调的歌。等到太阳完全升起的时候,我们已经写出了一堆很搭配当时滑稽场面的歌,歌名都是《献给我太太的吻》(*Kisses For My Missus*)和《圣诞老人不是个浑蛋》(*Santa Ain't A Wanker*)之类。不仅如此,我们还设定了一支虚构的乐队来演唱这些歌,甚至连乐队名都取好了——"彪汉"(Bruiser)。它是由一帮"小伙子"组成的乐队,他们就像是从霍加斯[1]讽刺画里走出来的人物:一脸稚气,满嘴喷着啤酒沫子,哼着足球歌曲,几乎毫不掩饰厌女倾

---

1 威廉·霍加斯(William Hogarth)是 18 世纪英国著名画家,也是欧洲连环漫画的先驱。他的作品范围极广,从现实主义肖像画到讽刺连环画系列都有涉及。他常常在作品中讽刺和嘲笑当时的政治和风俗,后来这种风格被称为"霍加斯风格"。

向。虽然当时我们闹得很欢，但现在回想起来，感觉不过是两个醉汉在干蠢事。这件事值得一提的唯一原因大概在于，我可能是在以此方式暗讽后来以"英伦摇滚"（Britpop）之名为人所知的现象——我们也曾为该运动推波助澜，但自从1993年年初《选择》（Select）杂志将我的肖像叠在一面英国国旗上用作一期封面之后，我们跟它的关系就再也没好过。而在我和理查德忙着为《狗·人·星》下一张专辑写歌的时候，该运动正在愈演愈烈地攀上邪恶的顶峰，发展到了无处不在的地步，大肆宣扬沙文主义，贩卖拙劣的文化赝品。与此同时，我开始在内心鄙视它，暗暗觉得自己可能要为此负一定责任。随着它逐渐长成了我们都记忆犹新的那头畸形生物，"彪汉"似乎成了我的一种宣泄渠道，它固然可笑，却为我排解了多余的怨气，以免影响到我的工作，同时亦画地为牢遏止了我的怒火。

　　回到现实世界，理查德也开始忙着自己起头写歌。他最早创作的那一批素材里有一首被他平实地命名为《歌谣想法》（Ballad Idea）。那是一首优美、缥缈、从容燃烧的曲子，旋律性很强，很有感染力，也非常能调动情绪，就是副歌似乎刻意晦涩了。音乐盘根错节的细节层面向来不是我的长项，需要倚赖他人，但我相当擅长写简单的钩子。所以我把他的曲子拿了过来，把里面散乱的副歌换成了简单的D/E/A/#Fm和弦序进。它为我打开了整首歌的思路，让我看到了一个故事的轮廓：一位普普通通的办公室女孩期待着周末她的男朋友带她出去玩。我为它起名《周六夜晚》（Saturday Night）。我想，它的灵感大概在很大程度上来源于我和萨姆一起度过的那些泡在酒精里的醉人伦敦冬夜，来源于我们在酒吧里啜饮啤酒、并肩站在电影院大厅的种种瞬间。它的基调应当是温暖而包容的，以颂扬生活中简单的快乐。

　　早先在1993年，我自己单独构思过两三首歌做备用，以防万一伯纳德离开乐队的情况发生——当时感觉已不是没有可能。那时候我买了一台"二战"前生产的斯坦顿父子牌（Stanton & Sons）竖式钢琴，并想办法把它拖到了穆尔豪斯路的公寓楼上。在那儿我常常坐在钢琴前笨拙地胡乱弹奏，跟着《呼啸山庄》（Wuthering Heights）和《星尘女士》（Lady Stardust）之类的歌学着弹里面的和弦型和旋律部分，猫蜷成一团卧在顶盖上，熔化的烛蜡向着琴键淌落。我能力有限，学不了更深的东西，所以更专注于练习儿歌式的简单和弦进行，其中之一就是《魔龙帕夫》（Puff The Magic Dragon）里的A/#Cm/D/E。每当写出满意的素材，我总是把它用作一首新歌的起点，有些起点会卡在那儿没有进展。大约在录制《如此年轻》期间，那首歌前奏里的含混尖叫声也融入了我当时用钢琴创作的另一首歌，变成了它的第一句歌词："她随时都能走出去，只要她想走出去随时都可以。"（"She can walk out anytime, anytime she wants to walk out that's fine."）我给此曲取名为《在海边》（By The Sea），并把它构想为一曲充满哀思的温柔情歌，一首诉说渴望与柔情的赞美诗。它细述了一次从城市到某个虚构乡间海岸的逃离。如果要我说实话，我承认写这首歌的时候我是有一点想到了贾斯汀，想到了我们在深夜支离破碎的耳语时间任由想象力编织的一次相似的小逃亡。不过我同样清楚的是，第二行歌词开头可被理解为是在指涉伯纳德的出走。然而正如我说过的，试图探寻歌曲确凿意义的行为在我看来都是徒劳的，因为歌曲有自己的生命，会经历一重又一重不断变化的诠释。当年住在穆尔豪斯路的时候，我还写过另一首挺幼稚的小调子，名字叫作《懒》(*Lazy*)。歌里写的是艾伦和我自己的故事，描绘了一幅熟悉的画面：我们胡混一夜之后瘫坐在一地狼藉之中，藏身百叶窗后面小心地偷看窗下人潮涌动的忙碌大街——两个完全与世隔绝的人快乐地活在自己的世界，拒绝进入真实世界就是他们之间的纽带。这首歌无疑有种青涩的魅力，但不能算是我们最好的作品，让它不落平庸的唯有理查德穿插全曲的精彩吉他线，旋律悦耳动听，一泻千里，宛如出自罗杰·麦吉恩[1]之手。

1　Roger McGuinn，美国传奇民谣摇滚乐队飞鸟乐队（the Byrds）主唱。

蹲尾人

蹲尾区教堂录音室（The Church Studios）的巨大拱顶被西蒙炸裂的军鼓震得咔咔作响，《她》的吉他部在房间里四处回荡，贝斯发出抽搐般的嗡鸣。一杯又一杯煮好的茶被忘在音箱上，立在那儿如同一朵朵悲哀的小壁花，杯中的茶水已经凉掉，冰冷的液体随房间的震颤泛着波纹。我们四个人正在排练《她》。"教堂"当时的主人戴夫·斯图尔特（Dave Stewart）让我们免费使用他的录音室，他大概对我们怀有好感，觉得是在做善事。我们暂停了一会儿，步履沉重地走回控制室，抓起香烟，重重地往黑色皮沙发里一瘫，开始听我们刚刚的录音。西蒙来的时候带了一套用衣架撑着的西装，挂在了门后的衣钩上，含糊地嘟囔了几句说他表兄弟要过来取，借去参加一个面试什么的。就在凶险刺耳的节奏冲出雅马哈NS-10扬声器的一瞬间，门忽然打开了，一位清瘦可爱的青年晃了进来，冲着屋子里的一团喧嚣咧嘴一笑，以示向所有人打招呼。他的名字叫尼尔·科德林（Neil Codling），正是西蒙那位需要西装的表弟，而最后他将会得到一份很不一样的工作。音乐停下来以后，我们开始聊天，然后更多的东西开始从他的漂亮脸蛋和环抱双臂的轻佻外表之下显现出来：一颗敏感的少年之心，好奇心旺盛，博览群书，还拥有一种让人放松的魅力。西蒙忘了告诉我们他还是个优秀的乐手，钢琴技艺精湛，正好那段时间我们在录制几首歌曲，其中包括《在海边》，于是我临时起意要他加入我们的即兴排练，以便让理查德腾出手去尝试一些吉他上的想法。就这样山羊皮有史以来第一次以五人阵容演奏，而从四人组变成五人组之后，乐队内部的动力亦随之改变，让人感觉既新鲜又兴奋，也算是了却了我的一桩心愿——希望山羊皮能彻底改头换面，变成一支只是碰巧同名的全新乐队，而非只有阵容上发生了一点改变但整体却维持原状。事实上，我记不清尼尔正式加入乐队的时间了，感觉他就是一直在我们身边晃，晃着晃着就成了我们的一员。这是一个自然而然的奇妙过程，几乎就像天降奇兵，没有事先计划也无法预料，却来得恰到好处。当你一路向上爬，进入音乐产业的商业领域之后，你的生活就会呈现出日复一日的重复状态，每一天都被各种活动、排练、通告和演出填满，被禁锢于经纪人用圆珠笔写满的狭窄日记本内页。与尼尔的偶然相遇则让人感觉是一件奇妙之事，脱离了令人窒息的僵化日常，就好像是命中注定的因缘，是我们的人生之书中不可回避的一页。所以我们跟着对的感觉走了下去。那段时间，马特常常开着他那辆1970年代产的老旧青铜色梅赛德斯来接我们，然后悠闲地沿着梅达谷、圣约翰丛林和卡姆登路兜风。我们在车里聊天，一包接一包地抽本森香烟，大大咧咧地将烟灰抖落在车内褪色的皮质内垫上，与此同时，《别介意那些胡说八道》（*Never Mind the Bollocks*）或《左轮手枪》（*Revolver*）或《坦克斯》（*Tanx*）的磁带在卡槽里转动，后视镜里的伦敦西北部风景不断消失在身后，直到我们抵达蹲尾区，再次投入工作。

有一天，马特在钢琴上胡乱弹出了一串甜美的小调和弦序进。他习惯以一种刻意的机械化风格来弹奏键盘乐器，大概只是由于缺乏练习所致，但给人感觉却像是他在拒绝迎合华丽或过于炫技的理念，所以他弹键盘常常有种滑稽又迷人的机器人之感，几乎散发着弗洛里安·施耐德[1]式的魅力。那天的他就是如此，毫不起眼地坐在那儿独自弹着琴，安静得近乎冥想，可我却从那组冰冷庄严的和弦中听到了某种特别之物，它让我不由联想到柏林时代[2]闷骚的抒情歌曲。所以我们一起加入了合奏，将这段曲子扩展成了一首小样，并开玩笑地称它为《忧郁的羚羊》（*Sombre Bongos*）。我把它带回家，写成了一首完整的歌，歌名叫作《欧洲是我们的游乐场》（*Europe Is Our Playground*）。这是一首简单的情歌，用旅行来隐喻一段恋爱中感情要经历的几个阶段及其起伏与变化。歌里的故事大致基于同一时期我和萨姆的一趟巴塞罗那之旅：我们一起度过了美妙的几天，雀跃在阳光亲吻的散步道和广场，出没于荫翳覆盖的小巷，吃西班牙凉菜汤，喝

1　Florian Schneide，德国电子乐先驱发电站乐队（Kraftwerk）的核心成员。
2　指"一战"后1920年代柏林历史上的一段黄金时期，当时的柏林不仅是世界最大的都市之一，在科学文化、军事、工业、音乐和电影等方面都处于世界领先水平。

冰啤。每当被问起这首歌时，我总是打趣说我是为欧洲铁路通票打广告，但这种轻浮的态度掩盖了它的真实分量，事实上在我心中，这首歌的珍贵程度超乎任何人的想象，而且随着岁月的流逝越发重要。罪过得很，它的下场又是被弃置于 B 面的无人荒野，与长长一列同样被低估的歌曲为伴。我清楚地记得有一次跟索尔打电话讨论该不该将它收进专辑，但不知为何当时我们都觉得它暗潮汹涌、冰冷肃穆的气质与专辑欢快明亮的氛围不搭调。现在回想起来，我不免觉得遗憾，因为它可能已成为那段时期所有歌曲里面我最钟爱的一首，没有之一。

我们的新阵容在音乐上开始产生凝聚力的同时，在舞台上也开始进化出新的"造型"。有意思的是，很多被大众以为是有意设计、习得，甚至受人操纵的形象，其实往往起源于无心插柳的偶然事件。我们早期形成的"乐施会时尚"就纯粹是领救济金的惨淡生活的产物，后来却被时尚编辑们拿去做文章，说成某种风格宣言。乐队统一的穿着打扮也不是有意识的决定，而是因为成员们待在一起的时间太长了。大家互换唱片听，互借外套穿，就连思维也都向同一个频率趋近，而服装的流动就跟想法的传播是一个道理，都是整个同化过程的一个环节。诚然，一个斯文加利[1]式的经纪人加上一位聪明的造型师也能伪造出所谓风格，但我想真伪总归是肉眼可辨的。一套造型常常是乐队和媒体不知不觉合伙创造出来的产物，并被绑定在乐队的形象上；它

---

[1] 英国作家乔治·杜穆里埃（George du Maurier）的小说《特里比》（*Trilby*）中的人物，他利用催眠术操纵女主人公特里比。

会被投射给记者再被记者反射回来，如此往复、层层递进地接受着无意识的微调。在我看来，我们乐队生涯中穿对衣服的次数屈指可数，《来了》（*Coming Up*）的造型就属于其中之一。偶尔不小心看到其他时期的媒体照片，我总是为之汗颜，因为那模样看上去要么像是从祖母衣箱里偷了衣服穿，要么就是被母亲打扮好了要去参加婚礼。虽然由于某种原因它们被看作乐队的风格，但我还是忍不住对我们有时候的视觉品位感到有点羞耻。我时常会想，或许我们曾经选择的那种伤风败俗、暧昧复杂的风格其实就矛盾地植根于我们的工人阶级出身。当然，你可以举出很多反例来反驳我，但仅就另类音乐的小圈子而言，我发现阶级和清洁度之间似乎存在一种反向关系，即越是出身于富足的中产阶级家庭的孩子，就越喜欢不修边幅的底层装扮，大概是为了与自己的背景划清界限，以展现一种包装出来的特点而非自身原本的优势。而另一方面，说这种话可能显得有些自轻自贱，但我确实发现，工人阶级出身、穿超市货或缝缝补补的旧衣服长大的人总想要摆脱象征他们卑微出身的穷酸装束，可能完全是下意识地，他们会选择用服装来彰显自己的成功，这就和最穷困的家庭常常会自找负担，花钱去办最铺张的婚礼是一个道理。简而言之，穷人希望自己看上去富有，富人希望自己看上去贫穷。这种现象意味着我们的外型总是在用力过猛和用力不足之间失控地摇摆。1996年我们的着装似乎停在了这两种状态中间恰好调和的一点。在一趟亚洲巡演期间，我找到一位厉害的香港裁缝——香港有很多厉害的裁缝——复刻了一件波多贝罗市场的1970年代皮夹克。随着我和队友们待在一起的时间越来越多，彼此之间就像一般乐队那样百无禁忌、轻松自在地相处，其他成员也开始借鉴起了我的风格，于是那件皮衣渐渐变成了一种非官方的制服，它亦象征了我们想要做的音乐：一种来自街头的声音，没那么矫揉造作、曲高和寡；它是从城市肮脏的脉搏里撕扯出来的东西，依然保有浪漫与激情，却成了可以触到的实在之物。我们不仅开始穿相似的服装，各自的生活也缠绕在一起，还发展出一套战友间的亲密话语，一整套只在我们内部流通的日常习惯用语——我们交换只有我们几个才懂的笑话，互相模仿搞怪，并且培养出了只有长时间待在一起的团队才有的默契。山羊皮团队内部一直存在一种扭曲又毒舌的冷幽默感，却被看上去很无趣的外表所掩盖，故而常常被外界视而不见。尤其是马特和理查德这两个走不同路线的冷面笑匠，恐怕你再也遇不到比他俩更冷、更机智的人了。而就在我们乐队开始进化出这套共同语言的时候，尼尔加入了，填补了我从不知道要去填的空缺，将我们重新组合在一起，并平衡了我没有意识到要重新平衡的关系。虽然在一开始，他非常礼貌地在乐队业已形成的等级秩序中恪守着自己的位置，但随着他的实力显现，自信心加强，他的角色也在成长。想必在一些人看来，尼尔在山羊皮里的位置，或者说他的作用——你要用这个词也行——仍然是不明确的。即便是乐队的爱慕者们，看到他在舞台上装出的那种沉默寡言的疏离状态之后，也会断定他在乐队里的角色是边缘的。大错特错。时间快进到现在，当我们聚在一起着手做接下来第七张专辑时，尼尔的角色变得前所未有地重要，居于核心地位。他一直在挑战我，逼迫我，总是催我奋进，助我找到自己最好的状态。如若没有他的存在，山羊皮恐怕走不了这么远。有人指责他，说他只不过是"地下摇滚花瓶"，这样的诋毁真是离谱到了极点，如今听来甚至有点搞笑，因为随着年岁增长，他展现出的艺术造诣越来越高。看他这些年来发生的变化真是很有意思。起初，他想必是非常自觉地守在乐队权力架构的边缘，因为他敏感地觉察到让一支吉他乐队正常运作的动力在哪里，所以自然也就意识到自己作为键盘手永远都要扮演有点边缘化的角色，要注意不能破坏亦不能挑战既定秩序。然而日子久了以后，他的角色以一种自然而然、循序渐进的方式发生了进化，而随着自信和经验日积月累，他精湛的技术和细腻的乐感对于我们来说已经变得不可或缺。特别是眼下，他在录音室的投入绝对是关键的一环，如果没有他，我们将会是一支截然不同的乐队——如果我们这支乐队还存在的话。这话听起来可能有点夸张，但说真的，无论是他的眼界、他炉火纯青的手法，还是他对于细节不厌其烦的关注，都促使我们从简单化、套路化的摇滚乐风格中破茧而出，完成了所有乐队为了生存都必须经历的蜕变。只不过，他在举止上完全跟理查德互为镜像，在公众面前都表现得近乎端庄，更情愿安静地待着，好好做自己的事，将所有大喊大叫和招人眼球的粗活儿都留给我来干。

倒回1995年，有一天，理查德闲逛到我闹翻了天的公寓，勇敢地杀进了一群群东倒西歪、没意识到该回家了的聒噪醉鬼中间，无惧于他们凶恶的鬼脸恫吓。他手里抓着一盘新的样带，它被他称为《死腿》(*Dead Leg*)，里面录了几首只有暂定名的曲子，其中之一名叫《中国式烧伤》(*Chinese Burn*)，内容以喜剧化的形式挖掘了校园欺凌的主题。每次拿到一首新曲，我都习惯尽快将自己的第一反应写下来，因为最初的反应里常常蕴含着一些直观、本能的东西，有时候能成为最有力的素材，等到你把曲子听到烂熟之后，就会开始想得过多。秉持着这样的想法，我希望能在自己准备好了做出反应，同时感觉得到神经突触一触即发的状态下，独自一人聆听这首新曲。所以理查德稍稍坐了一会儿，我们小聊了几句，喝了点酸掉的牛奶兑的奶茶之后，他便退回满街的落叶之中，踏着诺丁山肮脏的人行道离开了。他一走，我终于找到时间撤到自己的工作间，关上了八英寸厚的隔音门，然后将磁带插进我的泰斯康姆录音机。扑面而来的是一段躁得精彩绝伦的吉他连复段，来来回回，絮絮不休，就像一条寄生虫一样钻进你的脑袋里，拒绝离去。围绕着它我开始编一段意识流的咆哮，用从我笔记本里零星摘取的内容拼贴成了一篇火力全开的长篇大论，近乎随机地甩出一幅幅画面："点燃柴油和汽油 / 跟着鼓机发疯 / 随着热歌摇乳。"（"high on diesel and gasoline / psycho for drum machine / shaking their tits to the hits."）我忽然感觉到一阵战栗——每当意识到真正的杰作就在触手可及之处时，一种无法控制的兴奋感便会油然而生——那危机四伏的旋律让人肾上腺激素飙升，而危险与旋律的适度融合正是山羊皮优秀作品的一贯标志。就在我努力抓住它的同时，一个简单、无厘头的故事开始成形：它片段式地描绘了我和艾伦一团混沌的花花世界，背景里散落着许多堆满烟蒂的烟灰缸和打碎的玻璃，没有尽头的日子在散漫地流逝；它探索了污秽不堪、正在走向衰败的破裂生活，但用了一种庆祝式的欢快语调来讲述，从某种意义上美化了我们失控的狂欢。我猜，它诞生的原因部分在于我总是想浪漫地表现自己世界里的肮脏边缘，总想反抗世俗对于可接受事物的古板规定，甩掉阴魂不散的偏执和恐惧，骄傲地对世界说："这是我的人生，随便你。"和《周六夜晚》的情况一样，我发现理查德原曲的副歌和弦过于复杂，于是将它们改成了非常简单的C/Em/F/G序进，跟着这组和弦，我唱道："他们来了，那美丽的渣滓，那美丽的渣滓。"（"Here they come, the beautiful scum, the beautiful scum."）歌词暗示了这是一首歌颂反英雄主角的扭曲赞歌，我很喜欢这个构思，但深思熟虑之后，我感觉它有点太肆无忌惮，也过分边缘化了，于是我将歌名改为《美丽的人们》（Beautiful Ones），一首歌就此诞生。在楼上，艾伦的派对还在继续，所以工作了一两个小时之后，我又晃晃荡荡地爬上楼梯，重新加入其中。我窝进L形黑沙发的空位里，趴在堆满垃圾的玻璃桌面上，一直嗨到凌晨。等到所有人都走了以后，我兴奋地给艾伦播放了我录的小样，让他听那里面散乱粗略的半成形想法。作为朋友，艾伦对我的作品一贯是满怀热血全力支持，他一听就爱上了那首歌，而且一遍听完了，他又不断要求听第二遍，第三遍……遗憾的是，我的吉他技术本就平庸，再加上身体完全处于虚脱状态，更是无力发挥，于是我们又打电话把理查德叫了过来。就这样，理查德拖着沉重的脚步回到北肯辛顿街，充满戒备地踏进了我们乱糟糟的世界，努力适应眼前怪异的时间转换——那幅物是人非的混乱光景看上去一定像前夜的某一时刻冻结在了原地。然后我们三个人像沙丁鱼一样挤在我狭小密闭的橘色工作间里，我和理查德排练起了这首歌，额头上沁出汗珠，艾伦则蹲在地板上抽烟，饱受摧残的俊脸上绽开了心满意足的笑颜。好了，关于《美丽的人们》如何起源，至少我记得的就是这样。如果你让理查德从他的角度叙述，他更清醒的记忆讲出的版本或许不会像我这么简略，大概也会更贴近事实。但正如马克·吐温的一句妙语："永远都不要让真相妨碍一个好故事。"《美丽的人们》在录制过程中费了好一番功夫才找对了感觉，理查德把吉他调了无数次之后，才终于敲定合适的音色去演绎歌里至关重要的连复段。然而最终这首尖锐刺耳的叛逆者之歌或许成了我们有史以来最成功的歌曲；它也成了乐队的"入门"歌曲之一，即便是许多不怎么了解山羊皮的人都略有耳闻。不能说它是我个人的最爱，因为它太流行了，引不起我太大的好感，但它又特别通俗，但凡我们在现场唱起它，总是能引爆台下的气氛，因此它也成了少数几首让我们不得不唱的演唱会必备曲目之一。

有一天尼尔来到了我家。他那会儿还住在蹲尾区的一套公寓里，之前一直在闭门苦干为我做一首小样。由于他家里连一张纸都没有，所以他把和弦记在了他从街边路灯柱上撕下来的一张哈林盖区议会公共工程部的告示背面，并把磁带包在里面带了过来。这首小样被他命名为《提斯瓦斯》(*Tiswas*)，是一首神经质的重型吉他曲，流畅，蜿蜒，如蛛网般细密；它既有冲击力又很直接，但又奇怪地有些繁复迂回。我一听就爱上了它。一天下午，艾伦还没从前一晚例行狂欢的残梦中清醒过来，正在隔壁酣睡，我这边则开始为追星族的无邪之美写起了一首赞美歌。这首歌细述了一位年轻姑娘刚刚萌芽的情结，即对转瞬即逝的排行榜奇迹的痴迷，我称之为《明星狂》(Starcrazy)。纵使流行乐在本质上变化无常，又常常空洞无物，我却一直迷恋它毫不复杂的感染力，也惊讶于它居然能以近乎宗教的方式充实、照亮并填满人们的生活，神奇地赋予人类某种力量。我爱流行乐固有的大众化本质，它的通俗易懂；不同于美术与芭蕾，流行乐与真实的人对话，讲述普通人的生活，而且人人都能欣赏得来。我亦着迷于我手上的《白色专辑》[1]与比尔·盖茨手上的《白色专辑》一模一样这个事实。流行乐是一种素养，而在制作下一张专辑的过程中，我尤其在意这种素养的训练：追求不加修饰的直白；寻求贴切的字句；懂得最简单的歌词能够开启某种超越时间、富有力量的普遍之物；以及最终意识到此物可能就在距你咫尺之遥的地方，等待你传诵给后世。

1　*The White Album*，披头士乐队（The Beatles）在 1968 年发行的第九张录音室专辑。该专辑原本没有名字，其封面是纯白色背景，上面只印了披头士的乐队名，故而被称为《白色专辑》。

听起来就像那该死的蓝精灵

　　我站在霍尔伯恩地铁站的上行电动扶梯上，一道屏障之外，被传送下来的晚高峰通勤者们疲惫地拥挤在一起，茫然地望着我们。看到摄影师们在我身边推推搡搡地走位时，他们内心或许闪过一丝微弱的好奇，但肯定立刻就被一整天工作的辛劳给抵消得分毫不剩，再加上类似的景象在首都的大街小巷随处可见，人们早就看得麻木了。导演啪地打了一下场记板，大喊一声："开始！"我脚边的便携监视器随即爆发出叮叮当当如小旋风般剧烈抽搐的音乐声，就像游乐场坏掉的旋转木马伴着错乱的配乐旋转。为了追求某种视觉效果，导演坚持以二倍速播放音乐，当我跟着高速发射的滑稽歌词对口型时，一阵耻辱的刺痛爬过我的脸颊，在翻江倒海的羞耻感中，我意识到自己的声音听上去就像刚吸过一只氦气球[1]。下行扶梯上的人扭头看向我，用难以置信的神

1　人在吸过氦气之后，由于比空气密度小的氦气在喉咙里聚集，声带振动变快，因此发出的声音会变得很高。

色默默地注视着我受刑，他们的目光牢牢锁定在眼前的奇观上，眉头兴味盎然地皱起，眉间还夹杂着些许困惑。最后，谢天谢地，音乐终于停了下来，留在我耳中的除血液涌动的声音之外，还有电梯隆隆的行进声和脚步摩擦地面的沙沙声。突然之间，从无名的人群中传出一声清晰的嘲笑，盖过了四周的低语和喧嚣，让我一世蒙羞："他听起来更像那该死的蓝精灵啦！"

1995年秋天，我们在位于牧羊人树丛的联排屋录音室（Townhouse Studios）开始了新专辑的录制工作。尽管我们还见了两三个别的制作人，听了听他们的见解，然而待到跟艾德重聚之后，感觉一下子就对了。在这个节骨眼上，可能从不少方面来讲艾德甚至比乐队更有动力把新专辑做好。他已积累了满腔熊熊燃烧的热情，心怀一种如痴如狂的个人追求，换句话说，他已经越过制作人的一般职责范围，陷入了一种全神贯注的执着。他主要的动机可能在于：当时业内不知从哪儿——反正我印象里没有谁在采访中提过——传出流言说伯纳德离开乐队是因为不满意艾德的工作。当然像这种道听途说的传言永远都反映不了实际情况的错综复杂，但它们却埋下了一颗有毒的种子，可以理解艾德无论如何都想将它铲除的心情。这也是为什么多年来他和我们的关系偏离了他正常的职权范围，再加上我们好得就像一家人，一起经历过历史，总而言之，与山羊皮的合作对他而言从来就不只是一份工作。正是这种无法餍足的渴望驱使着他，又反过来感染了我们，从而为新专辑的录制奠定了基石。

　　山羊皮每次制作新唱片，感觉都像是陷入了一个不断推翻自我的怪圈。有时候就好像有个钟摆在两极化的创造力之间摆荡，将上一张专辑的特质反转过来就得到了下一张专辑的特质。出于如此种种原因，从《狗·人·星》过渡来的新专辑似乎不得不做成一次大胆自信的意图宣言，也就是说，新作的特点须与前作截然相反。炼就《狗·人·星》的炽热锻造厂太让人不适，有时候太闹心，所以我们无论如何都不想再回到那里，因此，我们决定做一张流行专辑："只要十首热门歌"，我们总是揶揄地一语概括它的意图，就像在念一道咒语。我们想要它成为《狗·人·星》没有成为的一切——强劲、直接、钩子密布。它应当反映街头的语言，而不是什么遥不可及、晦涩难解的虚幻地下世界。有时候我们可能太执迷于这一自我强加的教条，以至于将一些歌曲往流行的路上带得太远。不过在制作专辑的时候我常常发现有必要制定一些规则、框架和指导方针，至少在一开始是需要的，以赋予唱片完整的形式和连贯性，不然到了最后它很有可能会沦为一堆互不相干的歌曲随机拼成的一盘大杂烩。于是伴着那道时刻在耳中鸣响的咒语，我们开始钻起了牛角尖，恨不得把每首歌都做出单曲的感觉，也不管歌曲本身的条件适不适合。在那个时代，我们还有完善的媒体系统帮助我们这样的乐队渗透进主流音乐圈，与此同时主流音乐圈在1990年代中期似乎也进一步向边缘阵地倾斜——除抵挡美国的文化帝国主义侵略之外，当时在我们四周发展得如火如荼的吉他流行乐运动可能也就干了这么一件好事。在录音过程中，一首歌我们常常会尝试好几种风格迥异的版本，有

时候还会给它套上完全不合体的外衣。艾德经常提出一些排行榜
热门单曲当作范例，觉得可以把我们的音乐强扭成那样。他会不
依不饶，撺掇我们去操练这样的风格或那样的态度。在《她》的
录制期间就出现过一个疯狂时刻，他自认为可以把这首歌做得像
埃德温·科林斯（Edwyn Collins）的《像你一样的女孩》（*A Girl
Like You*）一样，或许他以为这么做就能释放出它的流行潜质。
这段插曲可以说成了一道关卡，它在我们内部制造的摩擦虽然现
在回想起来让人发笑，但我记得在当时，我们心里翻腾着消极抵
抗的情绪，摆着臭脸、不情不愿地排练了一个加速版的《她》，
艾德则在此基础之上加录了电颤琴，意图将这首歌带离它粗糙的
重摇滚内核，然后强行推进某种更轻、更有律动感的"伪城"音
乐黑洞里。他另一个奇怪的企图是想让《电影明星》听起来更
偏向巴比伦动物园乐队（Babylon Zoo）的大热单曲《太空人》
（*Spaceman*），于是我们白白浪费了很多小时，毫无激情地尝试着
拓展它的边界，把速度加快，给它镀上一层跟它完全不搭的流行
乐光泽。不过说句公道话，艾德只是在做实验，很快他便明白了
一个昭然若揭的事实，即我们的歌更适合被当作黑暗中潜行的摇
滚野兽来处理，然后他立马就收了手，于是我们又回到了原点。
透过后见之明的美化滤镜来看，过去犯下的错误和进过的死胡同
都显得那么可笑，但在做音乐的时候，类似的横向思考有时却会
产生回报，能将一首歌带到谁也想象不到的地方，开发并释放其
中没有被人觉察到的潜力。《美丽的人们》没有引起那么多争议，
因为它本来就是一首朗朗上口的流行歌，但艾德和理查德还是花

了很多天录它的吉他连复段，试遍不同的吉他音色以寻找与它奇峰迭起、感染力十足的钩子相匹配的那个声音。在这漫长而曲折的历程中，他们还用一把钢制琴身的冬不拉共鸣器吉他——常用于演奏传统布鲁斯的乐器——录了一版连复段，甚至还在某些地方加了很重的移相效果[1]，给整段前奏平添了一种很有噱头的1960年代感，简直不堪入耳。最终版本是几种不同音色混在一起的效果，包括芬达（Fender）的美洲豹（Jaguar）、吉普森ES-335和特利卡斯特（Telecaster），但在达到这一步之前却经历了好一番麻烦和波折，最后又不可避免地回到原点。伯纳德走了以后，艾德可能认为自己的角色在乐队的权力架构中发生了改变。他意识到自己在创作上有了更多的自由去实验，去将乐队打造成他理想中的样子。之前伯纳德的指挥风格充满远见，支配欲强，近乎独断专行，我不是说那样不好。事实上，制作唱片时有一个或两个强势的声音是极其必要的，由委员会做出来的专辑注定是一堆不连贯的想法，一盘散沙。一支乐队需要一位领袖和一个焦点，正如任何有组织的群体一样。而在我们这个群体里，每当遇到音乐方面的问题时，伯纳德的声音总是最大，总是被人听得最清楚。在音乐上我一贯都需要一位帮衬来抵制我那些乱糟糟、粗略不成形的想法，在技术上我也从未优秀到能在录音室里完全掌控局面，想必艾德正是因为觉察到那个角色空了出来，才开始以另一种不算被动的方式填补了空缺——并非他图谋不轨想要独揽大

1　指用移相效果器（phaser）处理声音，制造一种连绵曲折的声音效果，像平克·弗洛伊德乐队的《呼吸》（*Breathe*）就是使用这种效果器的一首名曲。

权，只是因为我们的驱动力发生了变化，尼尔和理查德都还经验
尚浅，而整个项目需要一只坚定的手来引导，仅此而已。

在录音室的迷宫中盘桓的日子里，我挤出时间去拜访了设计
师彼得·萨维尔，和他一起构思唱片封套。少年时代的我就像许
多年轻人一样，曾坐在自己的卧室里入神地盯着《未知的快乐》
（*Unknown Pleasures*）封面上那神秘不可解的抽象图案发呆，所
以当索尔灵机一动向我提起他的名字并安排我们在裸体唱片的办
公室见面时，我的感觉就好像是童年的幻想竟然要照进现实。毋
庸置疑，彼得是我在音乐圈里最喜欢的人之一。他是贫瘠沙漠里
开出的一朵稀有的花，是遍地不可救药的无礼恶棍中罕见的集
智慧与成熟于一身的人。那个时候他住在梅菲尔区[1]，活像从伊夫
林·沃（Evelyn Waugh）的一部小说里走出来的角色在滑稽地戏
仿有钱花花公子的临时寓所生活。搭乘一部古旧箱笼般的爱德华
式电梯上楼之后，他的助手会在门口迎接你，将你引进公寓，让
你在密斯·凡·德·罗[2]的巴塞罗那椅，或是类似设计、由真皮
和拉丝钢制成的优雅现代派家具上就座。他的公寓里铺满了厚厚
的1970年代的长绒地毯，墙上挂着各种波普艺术绘画和看上去很
昂贵的织物，美术和摄影书籍随处可见。差不多翻阅半个钟头的
半裸女郎照片之后，一位活的半裸女郎不时会从宽阔的客厅飘然
而过，散着刚起床的凌乱秀发，抽着烟，抱着电话用一口德国口

1　Mayfair，伦敦的上流住宅区。另外，后半句提到的伊夫林·沃的小说可能指的是《邪恶的肉
　　身》，这本小说的故事发生地也正是梅菲尔区。

2　Mies Van Der Rohe，20世纪著名的现代主义建筑师及家具设计师，他在1929年为巴塞罗那世界
　　博览会的德国馆设计的巴塞罗那椅是现代家具设计的经典之作。

音喃喃低语。直到彼得终于披着惯常穿的真丝晨衣，像睡眼惺忪的贵族一般降临，一边打着哈欠道歉，一边吩咐送上他的咖啡。然后我们就坐在那儿聊天，几个小时一晃而过。跟彼得聊天是属于那种发散的、碎片式的风格，他时而被我吸引过来，时而把我吸引过去，在他自由穿行于自己漫无边际的思维隧道时，甚至会离题万里。最后，话题还是会回到我们手头的工作上，围绕封套设计的问题进行。我们在他庞大的书堆里找到了一部德国艺术家保罗·翁德里奇（Paul Wunderlich）的作品，爱上了其中以饱含能量的超现实方式描绘的反常的性。这些画作暗暗透着波普艺术的感性，但又有自身独特的气质：风格化，充满紧张的暗示，透着怪异的美感。我们决定参照它们来设计封套形象。彼得相信我们可以设计一张照片，向其中注入相似的感觉。于是我们布好了景，用模特摆出了与专辑里的某些放荡主题相对应的真人静态画。彼得的朋友尼克·奈特（Nick Knight）拍下了一些美丽的照片，最后完成的封套为山羊皮开启了一套全新的视觉语汇，也为我和彼得延续了几十年的友情拉开了序幕。

回到录音室的真实灰度世界，艾德渴望把所有声音都做得欢快的热情甚至蔓延到了抒情曲上。有一天，我进录音室为《周六夜晚》录制人声，发现之前录的伴奏音轨速度太快了，所以我演唱的时候压根儿就没法让歌词合上拍。听回放的录音时，我只觉得既匆忙又紧凑，既机械化又缺乏魅力，至于漂亮的断句本可以赋予歌词的诗意，更是一点儿也没有。最终我们还是把录音调慢了一些，总算是让这支曲子的速度正常了点，但是照我的一贯感觉来看，其实每首歌都有自己天然的节奏，而乐队的工作就是要找到这个节奏。作为歌手，我的本能大概偏向于更慢的速度，不知为何，我觉得只有慢速才能为乐曲解锁重量与规模，才能创造空间让我将故事适当地传递进去，赋予歌曲抑扬顿挫。相反地，艾德却笃信一切都必须更快，认定这张专辑真正的流行内核唯有通过力量、速度和简短才能被解锁。在我们两人的这场角力中，每当他想做一件事，我就会孩子气地和他对着干、反着来，我们分别向不同的方向用力，彼此间的信任感随之消蚀，结果不可避免地导致了一种失衡的状态。正因如此，那张专辑才给我留下了一个最大的遗憾：变速的歌声。在罗技（Logic）和 Pro-Tools[1] 等数字奇迹出现以前的年月里，所有声音都录在两英寸磁带上，要想改变一首曲子的速度，唯一的办法只有将磁带慢放或快放，但这样做无疑会让音高发生微妙的变化。之前我们对《金属米奇》等歌曲也做过变速处理，这种广泛流传的技术如果用得足够精确细腻，可以将一首歌的不同声音片段漂亮地黏合起来。在前数字时代群星闪耀的流行金曲银河系里，只要你仔细聆听就能听出这种技术无处不在，从披头士到阿巴乐队（Abba）无一能免俗，可如果不是由一双细致沉稳的手来做，歌手的声音就会被变得像米老鼠一样。当我们的新专辑进入混音阶段之后，那些负责唱片更技术化层面的专业人士认为有些歌太慢了，以为彻底改变它们的速度会得到更好的效果。现在回想一下，很遗憾我没能坚定不移

---

1 Logic 和 Pro-Tools 都是现在广泛应用于编曲的数字化音频处理软件。

地信任自己的直觉，但那时的我抛弃尊严，苦苦追逐着名利，双眼只盯着悬在眼前的奖赏，认定抓住它的唯一办法就是忽略内心喋喋不休的杂音。我觉得有很多歌本来不该经受这种改变音高的技术处理，结果导致专辑有的地方多了一丝微弱的机械感、些许人工制品的光泽。或许那样的感觉适用于某些故作轻佻、用过即弃的主题，譬如《美丽的人们》和《电影明星》，但话说回来，我也要自吹自擂地说一句：那些歌里的灵魂与内秀也被它暴露在外。不过，在这方面我们最大的失误还是在于那一首歌最终听上去的效果。大约在专辑录音的收尾阶段，索尔忽然开始念叨说觉得我们还没有首发单曲云云。说起来，艺人经纪是个莫名其妙但又不可或缺的角色。他的工作要求他不时地提出异议和质疑，去推进事务并提出要求；他需要去做那个不受欢迎的人，逼着乐队去超越自我。然而现实中他们总是被创作者的核心圈子排斥在外，导致他们的工作特别难做——明明知道自己想要什么，却要么缺乏专业知识无法把它解释清楚，要么缺乏话语权，影响不了任何人。和艾德一样，索尔与山羊皮的关系似乎也上升到了私人层面，他对我们的关心超出了自身职责范围，他的生活也与我们紧密交织在一起。我想，这是我们共同培养、积极维护出来的关系，为整个团队带来了一份亲人似的羁绊，就好像我们所有人的命运都被绑在一条船上"休戚与共"。当然也正如所有真正的家庭一样，吵吵闹闹、发火斗气总是在所难免，但只要放下分歧，忘掉龃龉继续前进，你们的纽带就会通过种种波折和共同经历的考验而进一步加固。索尔就跟我们所有人一样清楚这张回归之作必须得刀枪不入，否则定会遭受媒体致命的重创——那些四处梭巡的肉食动物早已闻到了血腥味，正在聚集过来准备大开杀戒。他觉得我们应当竭尽全力逼自己写出一首决定性的歌，为接下来的战役打响第一炮。

那年初夏，理查德给了我一盘样带，他戏称为《痰盂》（Pisspot）。后来它被我扔在了切斯特顿路我那间脏乱的橘色小工作室里的一个中纤板置物架上，说实话，我现在已经记不得它听起来是什么样了，因为此曲后来经过了太多次改动，已经面目全非。那首小样肯定有某种让我喜欢的特点，不过我还是要求理查德去修改一下副歌，最后他交出了一段延绵动人的和弦，感情充沛而奔放，隐隐勾起了某种浪漫又销魂的幻想。出于某种原因，我打算在此基础上写一段香艳的低俗小说，讲一个关于在色情杂志上看到前女友照片的故事。然而这个构思跟曲子搭起来感觉很违和，于是我放弃了这个想法，接着在我的笔记本上搜刮了一番，找到了一个新的灵感——这一次，我跟着和弦唱道："噢，噢，噢，我和你，我们是微风中的垃圾，我们是大街上的情侣。"（"Oh, oh, oh, you and me, we're the litter on the breeze, we're the lovers on the streets."）这是一个让人难以置信的狂喜瞬间，旋律与词被赋予了一份优美、一份诗意，让我非常喜欢，然而现在主歌却感觉不大对了。被一种宝物就要到手的意识驱使着，我们开始胡乱往里面填塞各种各样的想法，一连好几个礼拜都没有进展，直到有一天，我在控制室里漫不经心地拨弄着吉他，随口哼着不成曲的调子，就像待在控制室里的人经常做的那样，恼人又

乱神。不经意间，我弹出了一串 C/Em/F/D/G 和弦，一旁的艾德
正处于斗志昂扬的亢奋状态中——跟这种状态下的他合作感觉特
别棒——他一听就爱得不得了，于是这段和弦与旋律就此敲定下
来。我回到家之后，开始填写歌词。我借鉴史密斯乐队的《亲密
无间》(*Hand In Glove*) 以及大卫·鲍伊的《英雄们》(*Heroes*)
里面那种"我们一起对抗世界"的情绪，写了一首富有浪漫色彩
的一般意义上的街头歌曲，并给它起名为《垃圾》(*Trash*)：它
接纳了我卑微的出身，为那灰暗狭隘的下层世界大唱赞歌；同时
它也是一首关于爱、贫穷和阶级的歌，并最终将它主打的专辑推
向世界。对于我个人而言，《垃圾》一直意义非凡，对于更广泛
层面上的乐队来说，我想也是一样。作为一张大获成功的回归单
曲唱片，它堵住了许多质疑者的嘴，让一众说风凉话的人哑口无
言；除此之外，它还被赋予了"乐队队歌"的意义。我承认以下
说法有些浪漫化：这首歌意图从细节上描绘山羊皮乐队成员的特
征，即我们的集体身份，更广义地讲，我想也是在刻画山羊皮歌
迷的特征。它的创作一定受到了伴随我成长的运动场流行文化启
发，那种拉帮结派的部落主义——在其影响下，你会用自己听的
音乐来界定自己这个人，并把激情当成荣誉勋章一样戴在身上，
为此你常常甘愿去受苦受难。我想，《垃圾》很可能就是我在试
图描述属于自己的"部落"，并在某种意义上尝试为自己创造一
个"部落"，即在文化的坐标图上标出据点，让我以及像我这样
的人得以栖息。我从小生活在异于寻常的家庭环境中，被一位痴
迷李斯特的出租车司机抚养成人，住的政府廉租房里贴满了奥博

利·比亚兹莱（Aubrey Beardsley）的印刷画，就这样在一堆互不调和的元素炖成的一锅怪汤浸淫下，我收获了一种奇妙的成长体验，然而最终却留下了永远都无法找到归属感的后遗症——我父母的价值观偷偷向往的中产阶级不接纳我们，因为我们太贫穷；我们生活的工人阶级社区亦容不下我们，因为我们太格格不入，是他们眼中冷漠疏离的可疑人物。我一直都有点羡慕那些曼彻斯特乐队，因为他们的"人"早就在前方等着了，静静蛰伏在那儿，时机一到立刻就能被唤醒。山羊皮的歌迷恐怕就没那么区域化了，不过他们还是存在的，只是不确定在哪儿，而《垃圾》就是我定位他们的一次尝试。在此之前我已寻寻觅觅了好久，早年所有试图确立一种集体身份的歌曲都在暗示这一点，譬如《我们是猪》和《野性的人们》，甚至还有《如此年轻》等都是在试着定位一支队伍、一个群体、一伙与我共情之人，但《垃圾》要直白得多，它干脆发出了一份宣言，点明了"山羊皮人"的确切含义。这首歌成了一个尤其重要的时刻，特别是对理查德而言，标志着他终于从伯纳德遮天蔽日的阴影里走了出来，从一名天才的模仿者转变成优秀的创作者，并作为独当一面的音乐人开始被歌迷所接受和喜爱。

　　我曾无数次在飘忽迷离的宿醉时分昏昏沉沉地盯着天空新闻台的预告片消磨时间，受此启发，我将新专辑命名为《来了》。[1]

1　天空新闻台（Sky News）是英国的一个 24 小时新闻频道。"Come up"在英文中有很多种意思，比如正在发生、出现、上来等等。天空新闻主播在预报新闻时总是用"Coming up on Sky News..."引出接下来要播出的新闻内容提要，对应中文"下面即将播出的是……"之意。

我喜欢这个名字暗含的期待感和它不加修饰的简洁，但我心里同样清楚该短语在口语里的含义：一个诡秘的惯用语，暗示药物引发的高潮与亢奋。就像为《动物硝酸盐》填下恶作剧式的歌词时一样，一想到可以将某种暧昧不明的有毒物质偷偷运进主流音乐的堡垒，我便再次感觉到一阵狂喜的战栗。

去他家里，杀了他的猫

　　我沿着切斯特顿路择路而行，目光不经意地掠过马路边上日常散落的空易拉罐、一堆一堆的垃圾袋和狗屎。马路中间有一块我以前没见过的新涂鸦，但我已经迟到了，再加上文字的方向不是对着我的视线方向，所以没有特意去辨认它。然而，当我快到公寓的时候，忽然看见就在我家房子旁边的人行道上也出现了一堆潦草的字，一样的白漆，字迹出自同一人之手。我一步一步向它走去，那些字的形状一点一点变得清晰，直到最后清清楚楚地展现在我面前，被灰色水泥地面映衬得格外刺目：布雷特·安德森住在切斯特顿路106号。去他家里，杀了他的猫。

　　漫长的录音时段会让你感觉像是迷失在一个没有窗户的黑暗迷宫里。你被关在密闭的空调房里度过望不到尽头的荏苒时光。长时间见不到自然光，昼夜节律会变得紊乱，你不仅要承受精神上的高压，还要应对体能上的挑战，这会将一个人的忍耐力逼至极限。久而久之，一种背水一战的奇怪心态开始滋长，并由此引发轻微的斯德哥尔摩综合征症状：你会病态地屈服于你自愿进入的这座监牢，而你身边的同伴们则会变得如骨肉至亲一般亲密。在这个高压的熔炉里，每个人都在以各自的方式努力实现同一个目标，即做一张伟大的唱片，各种能量在其中激烈碰撞，有时候能摧毁乐队，有时候却能让他们的关系变得更加紧密。问题就在于，不同的人对伟大唱片的定义存在微妙的不同，像这样的分歧积少成多之后，就有可能引发争端。在《来了》的录制期间，我们之间没少出现各种小矛盾小冲突，但它们只不过是整个过程中必不可少的组成部分，任何创造性活动的进行都不应缺少这种你来我往的较量，因为这就意味着每个参与其中的人都在认真对待自己的工作，所以真正值得担心的反而是无人提出异议。每次当出租车在深夜应召前来，把昏昏欲睡的我们带回家时，我们总是能够把那些小小的烦心事留在门外，再也不给它们机会化脓腐烂，乃至伤害到我们私人之间的感情。或许从《狗·人·星》的争吵中我们学到了某种教训……不过更有可能的是我们什么也没学到。虽然我对《来了》的某些方面持保留意见，但还是不得不承认，它是一张让我感到无比自豪的唱片：它重新定义了山羊皮，并将乐队推向了全新的乐迷群体；不仅如此，考虑到当时我们面临的挑战，它的诞生完全可以说是一个了不起的奇迹。然而过程中的种种摩擦我想也没有必要一笔带过，因为它们的存在让故事更加真实，而且到了最后，往往冲突才是故事里最吸引人且最具启迪性的内容。

　　我时常会反思生活为何如此厚待我，让我能做自己最喜欢的事并以此谋生。坦率地讲，我并没有什么与生俱来的音乐天赋或艺术洞见，甚至都不算特别有才华的故事讲述者。然而多年来有种性格特征一直在帮助我，那就是我从不放弃，仅此而已。我知道，它跟艺术家这么神秘又浪漫的概念不搭，但本书并不致力于让那些虚构的传说永垂不朽，而且，永不放弃也是任何想要取得成就的人都必须具备的品质。就我而言，这种品质是自不量力的狂妄自信与对贫穷的极度恐惧共同作用下的产物，让我在音乐生涯每一次地动山摇的危机之后都能找到动力重新站起来，抖落身上的灰尘，再次出发。正如某部老套电影里蒙受冤屈、大胆无畏的落水狗，我们总是排除万难，手脚并用地爬回跌落的地方。媒体怎么中伤、诋毁我们也好，或是给我们涂上沥青、粘上羽毛，游街示众也罢，我们还是百折不挠地重回战场："一身战伤的斗士们绝不会倒下。"1996 年夏末，我们发行了《垃圾》以及紧随其后的《来了》，引起强烈的反响并赢得了满堂喝彩。专辑冲上了专辑榜冠军宝座，获得了金唱片销量，并在欧洲许多边边角角的地区拿到了白金销量。一趟长达 18 个月的宣传巡演就此拉开了帷幕，我们开始在欧亚两大陆的土地上来来回回、没完没了地绕圈：我们搭过不知多少辆巡演巴士在路上颠簸摇晃，穿梭于不计其数的机场之间，无休止地试音，在无数堆满迷你冰箱和芝士拼盘的后台更衣室度过空虚的时光，直到最后意识迷蒙、一身尘土，像一包破旧的行李一样被扔回伦敦，跟跟跄跄回到自己的家，努力寻回某种正常的表象。此时我似乎该讲讲巡演中的逸闻趣事来博大家一笑。外界对于乐队在路上的生活总是怀有旖旎的想象，以为像卡通片一样，是酒神世界里一场场豪饮、发狂、行为不端的浪漫冒险，一群仿佛从《上膛》杂志里走出来的厌女症青年在"游戏人间"，丧心病狂地放纵自己的欲望。但奇怪的是，我发现自己几乎想不起巡演的任何细节，而我仅存的一点记忆偏偏就是所有人意料之中的那种滥俗戏码：浑浑噩噩地沉溺于酒精与麻药，与楚楚动人的异国女郎逢场作戏。巡演的时候，我习惯于将自己的思维切换成动物模式，注意力集中于睡觉、吃饭和喝酒这些简单需求上。当然旅途中也不乏多姿多彩的小插曲，比如从烂醉中醒来，发现自己正躺在斯德哥尔摩一间公厕的地板上面对着狗仔队的闪光灯；在科隆的舞台上被一帮愤怒的小混混拿硬币扔；还有野格牌（Jägermeister）利口酒助燃的奥斯陆之夜，与不知从哪儿冒出来的几个1980年代的流行明星厮混在一起。但关于这些事只能一笔带过，再说更多的细节可能会害得本书沦为又一个已被讲过无数遍的故事：事无巨细地描写据说所有乐队都会搞的那些毫无悬念的小男生把戏。而我已向自己保证过永远都不会去写那样的东西。此类奇闻趣事似乎在很多方面都偏离了我想要讲述的故事。我更希望本书能少罗列一些"发生在我身上的事"，多探讨其他方面的事件及其后果，所以，旅行故事固然生动具体，但不管怎么看都是无关紧要的。关于旅行的趣事，我想来想去唯一值得一提的就是它有多么让人麻木。从一开始我就发现巡演过程对体能的消耗大到了让人难以置信的程度，以至于我的智力和创造力都退居二线，以放任身体这个暴君撒野。就像我在长途飞行中只看得进平常绝不会想去看的"治愈节目"，在巡演中，我也感觉自己的智商水平急剧下降。所以我们从来都不属于那种能在路上搞创作的乐队，我们进入不了那种状态，比方说，一帮胡子拉碴、一脸倦容的音乐人聚在凌乱的酒店套间里，抱着木吉他即兴合奏，眼神迷蒙的流浪者们则坐在旁边角落抽烟，跟着音乐摇头晃脑。除偶尔往我从不离身的笔记本银行里偷偷存入两句短语或诗句之外，我们的创作进程几乎完全停摆。从很多方面来讲，我非常享受这种迫不得已的创作空窗期为整个艺术周期划定的节奏，我的意识可以趁机休息一段时间，让潜意识发挥作用。我常常将这个过程想象成农业，就有点类似于农民让一块地休耕一阵子，以使它在未来更肥沃多产。我们的旧曲库里可能只有一首歌是直接受到巡演启发而创作的，名字叫作《你曾如此低落过吗？》（*Have You Ever Been This Low ?*）。它就像一幅脏脏的灰色素描，是我在《狗·人·星》巡演期间写下的——有一天我在波士顿一家小餐馆里一边低着头就着一瓶斯纳普[1]啃奶油芝士百吉饼，一边用笔记下了那段单调乏味的经历。稍微跑个题，潜意识在创作活动中扮演的角色甚是不可思议。我常常在与一段歌词或旋律缠斗到难分难解的时候停下来，出去散个步，暂时忘掉眼前的问题，让我的大脑静一静，而等到我回去继续工作时，会发现合适的字句忽然神奇地闪现在我的脑海——我人在外面闲逛，盯着麻雀发呆的时候，潜意识就开始一点一点地介入

1　Snapple，美国知名软饮品牌，生产各种口味的果汁饮料。

了。这种事虽不是每次都发生，可一旦它发生了，那感觉就像是收到了一件天赐的好礼。我们的歌里有许许多多至关重要的小片段都是由此得来，从最早《溺水者们》的钩子"你在把我淹没"（you're taking me over）一直到最近《冷手》（Cold Hands）的副歌，这样的例子比比皆是。

言归正传，在音乐生涯的这一节骨眼上，我们跟美国一个名叫"山羊皮"的酒吧歌手发生了法律纠纷，结果迫使我们改掉了乐队在美国地区的名字。这段插曲着实叫人难过，而且偏偏发生在一个巧合的时间点上：我们的生活加速到了一个诡异的程度，歇斯底里的狂欢彻底扭曲了我们的判断力，以至于我们居然同意了让自己在那个国家被唤作"伦敦那个山羊皮"（The London Suede），然后"山羊皮，伦敦"（Suede, London）便成了我们的航空箱上随处印着的字样。可能正是拜这个拗口难听的绰号所赐，自那以后我们开始尽量避免去美国演出，因为我们不想自取其辱，顶着这么个丢人的蠢名字到处跑。英国媒体常常将我们在美国没那么成功的原因归结为我们外露的"英国味儿"——他们蓄意将我们刻画成垃圾摇滚（grunge）的对立面，并断言我独特的个人风格与那种价值观完全相悖，所以在那边的市场不可能吃得开。事实上，我对垃圾摇滚没有任何成见——至少它看上去含有一种愤怒和能量，而且我认为黄金期的垃圾摇滚在今天依然能引起共鸣。我也喜欢在美国演出，那边的演出常常气氛火爆又充满激情。可悲的是，一切都已成了过去时。不过因祸得福的是，我们开始高高兴兴地将巡演开到了以前我们可能从未留意过的地区，并带着或许唯有在这种情况下才能获得的能量，主攻欧洲和亚洲。我们的行程一路向前推进，似乎永无终结，从哥本哈根到新加坡，我们踏遍全世界各地，举办了一场接一场火热喧嚣的盛大演唱会。结束一段漫长的巡演返程的时候，你会生出一种奇怪的失落感。旅途中每晚都要重复上演的野蛮仪式和被迫与他人朝夕相处的集体生活陡然消失，世界又回到相对安静、停滞又得体的状态。由内部笑话和互通的私密代号编织成的一套复杂语言系统本已成了你唯一习惯的沟通方式，却突然被剥离了语境，导致你不时会有种搁浅之感，周围也没有任何人听得到你的声音——你无法再适应正常的生活，窘迫不安，孤立无援。每隔几个月，我就会在这样的状态中拖着虚脱不堪的身体启程返回切斯特顿路，到家时常常发现公寓还是我离开时那副混乱无序的模样，分毫未变，就好像冥冥之中有一只手指按下了某台卡带机的暂停键。艾伦依然被锁在他争分夺秒的狂欢盛宴里，房间依旧是原来的房间，依旧青烟缭绕，处处蒙着一层薄薄的油腻烟灰，死掉的花颜色更沉，纷乱的地板更加纷乱，黑胶唱片有了更多划痕，等待倾倒的垃圾依旧堆积成山。《来了》取得的商业成功吸引来了一小撮固定的歌迷，他们有时候会可怜兮兮地抱团聚集在我家楼下的人行道上。虽然心里感觉有点不舒服，但我总是尽量以礼相待，满足他们一个接一个的琐碎要求。但记得有一天，我在一次特别折磨人的录音时段结束之后回到公寓，跟艾伦和萨姆坐在楼上，然后被楼下叽叽喳喳、没完没了的呼叫声轰炸了大半个上午，直到萨姆的耐心终于彻底弃她而去。她一反常态地大动肝火，气冲冲地跑到厨房拿了一个平底锅接满冷水，往阳台下面的人行道浇了下去，活像中世纪攻城战里城堡上的骑士向城垛外泼油。从四层楼下传来一阵难以置信的尖叫，让我们都备感内疚，但不管怎么说，我们总算得到了片刻的安宁。还有一次，我沿着切斯特顿路小跑回家，忽然撞见了一对从欧洲别国来的歌迷。我感觉很不自在，很狼狈地想要逃离现场，情急之下愚蠢地冒出了一句"但我两三天之后会回来，到时候再来"之类的话，显然我的本意是想礼貌地脱身，却没有意识到如此拐弯抹角的拒绝会被人理解成一种正式的邀请。造成这种误会的根源之一是我有社交恐惧，之二是持续上升的名声和越发过火的生活一直都在微妙地改变着我所处的现实世界，致使我逐渐失去了应对世俗的惯例和规矩的能力。所以上述那些人在约定的日子回来找我的时候，不可避免地发现被我放了鸽子。我相信此事成了一个导火索，引发了一轮针对我的公然霸凌。他们将无处发泄的熊熊怒火化为行动，将我的名字、住所还有触目惊心的威胁涂在了附近的人行道和其他一些地方。这件事启发我写出了一首名叫《涂鸦女人》（Graffiti Women）的歌，探究了明星崇拜的阴暗面，窥看在那黑暗的深层心理中，迷恋如何化为痴迷，进而化为恶毒的强迫性行为。从某种意义上来说，我想这又牵扯到了真人与人设的对立问题，即粉丝在与他们的偶像面对面时，总是处于一种奇怪的状态：他们见到的既是本人，也是人设；他们在两者之间做着心理斗争，一边是他们心中设想的完美形象，另一边是他们眼前活生生的人——这个人在很多方面注定会让他们幻灭——有时候两者之间的落差会在他们心中激起种种困惑与违和感。不知为何，这种行为给人造成的阴影远比其实际的破坏力要来得更黑暗、更恐怖。也许是我日益加剧的偏执和神经质把整件事给放大了，总之于我而言，它意味着旧的一章到此为止，它就是一个转折点，推了我一把，让我重新上路。

一天夜里，我们在一团混乱之中仓皇离开了切斯特顿路的公寓。我们的生活形成的永恒派对还在狂乱地进行中，困惑的搬家工人在边上绕来绕去，把我们的东西打包装箱然后往外搬，我们则像领主一样坐在那满是灰尘的废墟王国，在寻欢作乐的自我世界里神游，毫不理会周围忙忙碌碌的世界。我们被人抬了起来，塞进了卡车里，而我们破破烂烂、无人修补的行李则被粗暴地扔进硬纸箱里，然后所有货物都被胡乱堆放在那个即将成为我们新家的地方——莱德伯里和阿特西安路拐角处的一套底层公寓。那是一栋维多利亚式改建房屋，有优雅的装饰线、高高的天花板，还带有一间宽敞明亮的起居室，面朝西边熙熙攘攘的街道。搬到那儿以后我才意识到自己有多么想念最初那个小小的城市围地。新家两条街之外就是穆尔豪斯路和我们的老公寓——那个让人魂牵梦萦的舞台曾迸发出不计其数的灵感，成就了我们的出道专辑。我一直都对那片市区怀有好感，它有种低调沉静的气质，中和了再往西那些更大更气派的洋房婚礼蛋糕式的浮华之气。我在公寓里摆满了百合花，又找来画面朦胧、富有纹理感的波普艺术肖像画悬挂在壁炉上方，寻回了在更具装饰感、更个性化的空间里居住的乐趣。如今回想起来，那是我的一段金色时光。有的时候，人生的某些阶段只有在时过境迁之后方才显露真意，因为与日常琐事的缠斗模糊了它们真正的价值，但若是真的存在一种所谓"幸福"的状态，那就是此时此刻——一路寻寻觅觅之后，我终于又见到了幸福转瞬即逝、变幻无常的轮廓，感觉就像是刚刚穿越了一场铅灰色的暴风雨，然后更加平静、光明的海域豁然出现在眼前。

　　然而有一天，我在家里悠闲地走来走去，一边布置装饰品，一边随口哼着歌，忽然电话铃响了。"你好啊，布雷特，"只听一个熟悉的声音慢吞吞地说，"我是贾斯汀。"

第四部分

安静的毁灭

一个邋遢的男人拖着沉重的脚步沿街而下，在迎面拍来的烈风中如镰刀般弓起了背。一顶磨破的黑色奥克兰突袭者（Oakland Raiders）棒球帽紧紧扣住他脏兮兮的头发，帽檐在他暗淡无光的油蓝色双眸上投下一片阴影——在阴影的遮蔽下，那双眼睛看向地面，目光闪烁地扫过肮脏的人行道，追随遍地散落的垃圾跳着芭蕾；他死灰般的面容和蜡白的皮肤亦隐藏在帽檐之下，避免被碰巧看向他那个方向的路人瞥见。他一只手紧紧抓住旧黑色大衣的领口以阻止寒气灌进去，另一只手提着一个街角小店的蓝色塑料袋，袋里装着他日常采购清单上的几件看似毫无关联的杂货：蓝丁胶、吸管、厨房用锡纸、橡皮筋、家用氨水和一小瓶玛氏（Mars）巧克力饮料——都是些日常用品，表面上看完全无害，懂行的人却明白它们合在一起就有了某种极其特殊的意味，一种不太健康、让人不安的隐秘含义。到了他家前门外，男人从口袋中一堆乱七八糟的东西里摸出一串钥匙，用颤抖的手将它们一把把地插进耶鲁牌（Yale）门锁，最后终于推开了门。时间虽然是正午，屋子里的窗帘却都拉得严严实实，不仅遮蔽了外面的街道，也让街对面那堵包围了韦斯伯恩花园别墅住宅群的老旧维多利亚式红砖墙模糊成一团阴影——一墙之外，终日有从帕丁顿车站发出的高速列车伴着嘈杂的金属碰撞与轰鸣声呼啸而过。房子一进门就是一个下沉的大起居室，抛光的木地板上散落着CD、沾着酒渍的豁口玻璃杯、没有清空的烟灰缸、坏掉的打火机、空了的猫罐头、里兹拉香烟和空烟盒，污七八糟地混成一处凌乱的废墟，一块被日常家庭生活的混沌塞满的小小荒原。在房间一角，电视机的画面静静地流动着，通常是没有人听的日间脱口秀，或是双眼圆睁的性感妙龄舞者随着热门音乐录影带无声地转圈。玻璃茶几边围着一小群随机组合的无业游民，每个人都一脸虚弱地沉沦在各自隐秘的耻辱里，偶尔前言不搭后语地聊上几句，以掩饰内心贪婪的渴望。他们的眼珠飞快地乱转，等待着一记冲击把他们送回自己暂时平静的世界。无数的白天化成黑夜，黑夜又变回白天，同一群可悲之人始终坐在同样的位置，循着地狱一般的死循环重复演出同一出堕落的仪式，直到制造癫狂的原料耗尽，他们才被迫离去，或是回到现实世界，跨越重重障碍去找寻更多的原料。然后，仪式再次开始。

　　我、艾伦和萨姆的人生正是堕入了这样可怕的低谷，跌进道德沦丧的深渊，迷失在耻辱的羊肠小道深处。我们的起居室楼上有几间很大、很空、天花板很高的主卧室，其中一间地板刷成了黑色，装饰繁复的窗户朝向南面，越过窗下的锻铁阳台俯视着一个80英尺宽的花园，花园因无人照料而日益荒芜，前任主人精心开垦过的土地正在被自然一点一点地收回。在花园尽头坐落着一座华丽的小凉亭，过去大概曾是这个家里备受欢迎的去处，得到过用心打理，被欢笑的孩子和嬉戏的宠物占据，可现在对几个近乎废物的瘾君子来说，它只是我们贫瘠世界的一块荒凉延伸地，散落着空酒瓶、烟灰和用过的某种器具残骸。当你深陷毒沼之后，那种体验就不再具有哪怕一丁点的乐趣或交际性。你的人生目标开始缩减，到最后只剩下一个简单的追求，一种基本的动物性欲望驱使着你整日追逐那唯一能让你感觉正常的东西，或者说唯一让你有感觉的东西。我们的生活慢慢滑进了可悲的泥沼，变成了单调可测、遭人唾弃的恶性循环：用的药越来越烈，夜晚一点点丧失了乐趣，抽身而出的希望似乎也一天天变得渺茫。当然，我现在常常会反思是什么原因让我甘愿弃自己的人生和事业于不顾。人们很容易就会去怪罪自己的童年，把自己的问题推到童年的某种缺失上，譬如感受了某种感情上的不公，缺乏父母的爱，或者别的你觉得被剥夺了的东西。然而事实却并非如此，我的童年虽说也受过徘徊在所有儿童意识边缘的那些常见妖魔鬼怪的侵扰，但总体上还是相当顺心的。不可否认，我落下了神经衰弱、偏执和焦虑的毛病，却从未有过任何可被称为创伤的经历，也没有什么事能让我指着它说："这就是原因！"没有。回想起来，虽然羞耻，但我必须坦率承认，我落入此等可悲境地的起因只有一个，那就是单纯地寻求一场浪漫的逃离，渴望步阿道司·赫胥黎或约翰·列侬（John Lennon）之后尘，与阿莱斯特·克劳利[1]或托马斯·德·昆西[2]携手漫步在同一条奇异的禁忌之路上。一切都不过缘于一个苦闷压抑的郊区少年企图追寻离经叛道的魔力，一个年轻人渴望从他周围惨淡、造作、让人窒息的生活超脱到另一种现实。显然，音乐事业的不断成功赋予了我继续实验的可能，也为我进一步拓宽了体面生活的边界，所以，每当有不安的细小杂声在黎明前冰冷无情的黑暗时分钻进我的耳朵，我总会屏蔽它们，以艺术家的身份来为自己开脱，将自己的药物旅行当作干这一行的道德义务和工作需求。在制作《来了》的时候，我成功地把握住了分寸，与那个世界伸过来的脏手保持了足够的距离，因此得以退后一步去观察它，描绘它。即便我身陷其中，也依然掌握着控制权。然而随着1997年无声无息地流进1998年，一些越来越危险的新玩伴开始被带到我身边，他们掌握着一种截然不同的力量，更加敲骨吸髓、让人臣服，于是我开始被拖进它肮脏的陷阱——一旦进入，无人能全身而退。曾经，我和艾伦的夜间派对总是洋溢着快乐与轻佻，现在全部如同肺里排出的白烟一样灰飞烟灭。我们的行为开始表现得迟钝、受官能驱使，而我们的日程开始屈从于一种机械化的需要、一种毫无尊严的索求，幽默和爱荡然无存，甚至再无任何真正的快乐可言。

我不确定乐队其他人有没有意识到我身上发生了什么。我对

1　Aleister Crowley，1875—1947，英国极富争议的神秘学学者，神秘教派"金色黎明"成员，黑魔法的修习和实践者。

2　Thomas De Quincy，1785—1859，英国浪漫主义散文家，代表作《瘾君子自白》(*Confessions of an English Opium Eater*)。

世界的理解逐渐变得狭隘，最后整个世界只围绕一个玻璃茶几而转——我和我的朋友们终日围在旁边，履行让我们无法自拔的新职责，犹如圣殿中虔诚的辅祭。在长达18个月的一场世界巡演终于开到最后一趟旅程的终点时，我们拖着疲惫的身体趔趄着跳下大巴，我想此时乐队的所有成员恐怕都已受够了旅途强加于人的集体生活，极度渴望从那种黏腻、憋闷的亲密关系中解脱出来，找回各自的空间。所以乐队开始有意识地分裂成个体，每个人都优哉游哉地徜徉于各自私生活的幽幽曲径里，虽然明白工作随时都会再次找上门来，但至少眼下先舒坦舒坦，让那头野兽暂且蛰伏在黑暗深处吧。那段时期，贾斯汀悠悠转转又回到了我的生活。多年的形同陌路已抹平了我心里对她的芥蒂，让我能够重新接纳她，把她当作久失音讯的朋友，而非出了轨的情人。我们如初遇一般开始重新认识彼此，但这次是以君子之交的方式。想必是我们各自的功成名就改变了两人之间的力量均衡，过去的一切冲突、记忆与背叛都已恍如隔世，我们都已不再是当年的自己，因此不得不像两个陌生人一样交往。当时她正在一段走向破灭的感情中孤独地苟延残喘，而我则感觉自己已经超然物外，没必要去吃醋或是落井下石，所以在1997年那个生机勃勃的夏天，我们俩并肩在诺丁汉洒满阳光的街道上散步，买小古玩，喝咖啡，一如80年代我们在大学里初遇时那般轻松自在。而一次公开的和解更是将那个夏天推向了高潮：山羊皮在雷丁音乐节（Reading Festival）压轴演出时，她跳上舞台，跟我一起激情合唱，两个人有一句没一句地放声吼着我们以前戏仿坠落乐队

（Fall）的风格写着好玩的一首歌——《实现，耶》（*Implement,*
Yeah）。

由于莱德伯里的公寓太小，我开始寻找新的住处，我们浏览
了一些房产中介的橱窗，最终在韦斯伯恩花园别墅找到了一套复
式公寓——透过夏天的美化滤镜来看，那房子挺漂亮的。抱着后
天养成的不拘小节的态度，我当场就同意买下它，并没有太注意
别的问题，比方说没几米之外就有一条主铁路干线在轰隆作响。
然而搬进去以后，随着夏天褐化为秋天，秋天凋零成冬天，整个
屋子不仅沉入了黑暗，还被毒虫们变本加厉的日常活动给弄得乌
烟瘴气，就这样它慢慢沦为一个了无生趣亦不被人珍惜的舞台，
艾伦、萨姆和我站在上面，将我们耻辱的戏剧演到了最后。那房
子所处的位置有点与世隔绝，或许正因如此我们才得以逃离世
俗礼法的约束，更肆意地胡作非为。首先它在铁路边上，所以正
门没有跟其他房子对着，而它的南面则背靠一个长长的花园，花
园尽头又连着别家一个同样长的花园，这就意味着我们在韦斯伯
恩花园路上最近的邻居也跟我们相隔遥远，远到可以当他们不
存在，因此我们的住所便笼上了一层脱离尘世、避人耳目的氛
围——这种情况在伦敦很少见，感觉就像是被排除在了高密度的
城市生活之外，免受群居社会一般法则的制约。这份难得的边缘
性意味着我们的活动似乎不受任何监督，亦不受任何人评判，而
且由于当时的我任性地进入了另一重奇怪的人格，所以心安理得
地将自己走火入魔的疯狂生活归为工作的一种延伸。想来我对待
人生的态度一贯如此。多年来，我一直将自己个人幸福的重要性

排在写歌之后，个人生活常常只被我当成一种原始燃料的载体，为歌曲的主题提供薪火，于是我放任自流地投身于越来越匪夷所思、违背常理的环境，并放纵地走入一段又一段露水情缘，以给我的歌曲注入一丝真实的气息。然而那些都是我失控之前的事了。搬到韦斯伯恩花园别墅以后，我生活的优先级就被打乱了，当我跟毒瘾这个乖戾的情妇展开了一段注定走向毁灭的炽热恋情时，工作就渐渐变成了被我始乱终弃的糟糠之妻。

回顾我的一生，我发现我的工作中始终伴随着一种不同寻常的驱动力。我的最佳状态似乎总是出现在我要证明某件事或准备迎战某种挑战的时候。当我还是一个贫穷而羞怯的乡下青年，为了成名而苦苦奋斗时，第一张专辑诞生了；在首张专辑掀起的狂热、冲突与成功激烈碰撞的白热化熔炉中，《狗·人·星》横空出世；《来了》则是逆流而上从失败的獠牙之下夺来的一张专辑。然而到了出第四张专辑的时候，我们的事业却相对稳定下来，忽然间，我们发现没那么多阻力了，并感觉自己好像比以往任何时候都更受业界欢迎。不过后来的事实证明这不过是个错觉，而且我也意识到这种状态带给我的并非温暖和满足，而是让人不快的沾沾自喜，以及无所适从的格格不入，或许我是在潜意识地用一种反野心家式的自我毁灭来与之对抗。我向来都很讨厌业界关起门自吹自擂、只围着自己转的小圈子，而且我也一直坚信最有意思、最有活力的声音往往不是发自被去势的红地毯和颁奖礼群体，而是来自远离他们的边缘地带。或许我只是试图将自己的软弱合理化，找借口为之辩护罢了，可是，当我感觉到我们变得前所未有地受欢迎、受待见的时候，我似乎潜意识地停下了脚步，本能地转向四周，想找把扳手往齿轮中间插下去。好家伙，我还真找到了一把！

衰老的小甲壳虫转啊转，直到缠死在钉子上

风平浪静的无尽夏空向伦敦的四面八方蔓延，一丝丝白色的云絮在韦斯伯恩花园别墅背后的花园上空聚拢。铁路南面的整块围地都回荡着我用爱丽希思（Alesis）SR16鼓机编写的剧烈颤动的刺耳节奏。我编得很不专业，低音鼓压在"错的"地方，嗵嗵鼓落在了底鼓的位置，踩镲根本没用上，从头到尾都是我会的极少数几个一拍或二拍节奏型，简单幼稚，毫无律动感。我气急败坏地拧着朱诺106（Juno 106）合成器的控制旋钮，想找一种弦乐的声音，然后合着节奏音轨的起落单指弹了一段简单的旋律，并将放大器的音量拨上去，直到放出来的声音开始绽裂。我在这儿瞎捣鼓的时候，一定有人皱着眉头从窗户里探出头来，困惑地望向我家的方向，想搞清是什么在制造如此扰人的不和谐噪声，但除了苹果树林和荆棘丛，他们根本看不到什么，于是只得带着无处宣泄的烦躁之情骂骂咧咧地缩回自己的房子。如果他们的视线能够越过蔓生的植物，再钻进那层薄薄的树林，然后穿透我家脏

乱花园尽头那座凉亭的厚玻璃板，那么他们将会看到一个男人飘浮的影子，他的容颜饱受摧残，脏脸上胡子拉碴，空洞的双目伏向八轨录音机的控制按钮——他正在用录在数字式录音带里的声音搞即兴演奏，试着将不同的音轨合在一起，却还毫无头绪，因此郁闷地在按钮上乱戳，急着想解开其中的奥秘。凉亭就是那样，不太隔音也不怎么隔热，所以偶尔的安静间隙也沾染上了暖风机柔和的嗖嗖声；暖风机就是那样，它一工作，屋里就会变得很闷热，但一停下来，整个房间就又会被死一般的寒气填满。除了一堆音响设备、几把木吉他和几台键盘之外，房间里还散布着乱七八糟的垃圾和某种用具，我的笔记本挤在里面，象征性地跟撕开的里兹拉香烟盒、坏打火机和烧过的锡箔纸抢夺空间，又总是如象征着什么似的抢不到空间，结果常常被遗弃在冰冷的瓷砖地面上，打开的内页在暖风机吹出的人造微风里可怜地飘动。那时的我怀有一种强烈的堂吉诃德式幻觉，幻想自己能写出听起来很摩登的电子摇滚乐。我想这在很大程度上是拜贾斯汀所赐——她已重回我的生活，并继续对我施加影响。她将祖母绿、宝蓝和金乐队（Emerald Sapphire & Gold）以及浮士德乐队（Faust）的音乐介绍给了我，让我看到了山羊皮可以前进的一个新方向——更直白、现代，更不晦涩的音乐——在这样的设想里面没那么多的诗意，也少了一些含蓄，并且坦率地讲，我想吉他的分量也会更轻。当然这也不可避免地会导致一些麻烦，不过，且待我们晚点再来细谈这个问题。

音乐生涯发展到了这一阶段，毫不夸张地说，我觉得我的自我正在急剧膨胀。《来了》的成功和让我们绝处逢生的命运让我在自己身上编织了一层不可摧毁的神话。我已经生出了一种幻觉，即无论我做什么都挡不住成功的到来，所以无论是突然脱轨染上毒瘾也好，训练自己以一种全然陌生的方式写歌也好，看起来都不过是通往未来成功的路途上的拐点。而在另一方面，人生走到这一步，我已经挣了很大一笔钱，说真的，数目大到可憎——这笔刺眼的巨款来源于《来了》大热之后签订的发行协议以及因该专辑而暴涨的商业价值。一般而言，我是羞于张扬这种招人眼球之事的，但在我看来，那笔大风刮来的钱也是摧毁我的罪魁祸首之一，所以算得上是整个故事中的重要一环。我的童年徘徊在贫困线上，拮据度日，青年时期也是不名一文，过了好些年节衣缩食的日子，然后就在转瞬之间，我忽然发现自己不再需要为钱操心了。如果你比较好命，习惯了那种状态，那我相信它不会对你构成什么问题，但对于像我这样身上还隐隐残留着海沃兹希思廉租房气味的人来说，它就会造成一种失衡感，一种诡异、不安、自以为不可战胜的感觉，进而讽刺地引发一段时间的深层次自我毁灭行为。我想我只是不习惯拥有那样的安全感，才会变得行事不计后果，轻易地忽略了内心深处不断响起的质疑声——若非如此，它或许就能制约我，引导我走向更安全的海岸。

要开启一张新专辑的制作，第一步总是需要一种盲目的热情。虽然我的私生活越来越支离破碎，还带着膨胀、不切实际的种种抱负，但我仍然全身心地投入了创作，试图为山羊皮打开一扇在我看来很大胆的音乐之门。我写的第一首歌最后可能成了专辑里最好的一首，也为接下来的创作设定了一个被严重高估的门槛。它是一首木吉他打底的慢歌，在D小调和A小调上下徘徊震颤，讲述了一个关于背叛的苦涩故事，揭示了某种真相——或许有关我在比较凄凉的时刻如何看待自己与贾斯汀之间越发扑朔迷离的全新关系。我为这张专辑设定的前提之一是尽量让音乐来发声，于是我在其中插入了几节器乐段落，并用合成器模拟了一段简单的弦乐动机叠在上面。那段弦乐有一种东方韵味，本着做一张不那么华丽诗意唱片的精神，我接受它的启发将这首歌命名为《印度弦乐》（*Indian Strings*）。我还记得，有一天尼尔和理查德过来了，他俩礼貌地无视了满地狼藉，坐在灰尘和垃圾堆里听我录好的初始样带。它为我们所有人创造了一个切入点，着实启发了大家的灵感，由此激发出的创作势头亦延续了好一阵子。

在一个朦胧黑暗的午后，我坐在凉亭里一台被我从花园对面拖过来的老式哈蒙德（Hammond）管风琴前，随意敲击着琴键，一边陶醉于它极具教堂氛围的簧片音，一边在想象中给它配上一些疯疯癫癫的有趣歌词，让它展现出一种颠覆性的锋芒。不知不觉间，我开始弹起了一段音调逐渐降低的连复段，从C调开始连续降半音一直降到A调，合着它我开始高唱"我无法满足"（"I can't get enough"）。我继续摸索着，找到了一些顺耳的主歌和弦，然后将它们全部糅合在一起，写成了一首歌。在我的设想中，这首歌的情绪应当近似《渴望生活》[1]：一种喜悦、贪

---

1 *Lust For Life*，美国朋克音乐先驱、傀儡乐队（the Stooges）主唱伊基·波普（Iggy Pop）于1977年发行的同名专辑主打歌。

娈的冲动，厚颜无耻的张狂、索取与冒犯。事后看来，我更倾向
于将它解读为滥用药物的感想，但无论如何它都包含了某种真实
的东西。而当尼尔听到这首歌之后，他明智地建议将它改成一首
纯正的吉他摇滚乐，并按此思路动手做了一个小样，它更偏向于
傻傀乐队的感觉，而且比起我用诡异歌声搭配哈蒙德管风琴的第
一版，它也更贴近我最初的设想。还有一次，尼尔不声不响在我
的信箱里放了一盘磁带。当时我深陷毒潭，我的生活变得越来越
叫人难以忍受，也比以往更加边缘化，可想而知，普通人恐怕都
不愿意跟我待在一起或踏进我的房子一步，只有我的小圈子里那
些口齿不清、目光呆滞的家伙——一小撮凶狠的毒贩子、孱弱的
瘾君子和随机的流浪汉——会为了一个丑恶的原因聚集在我的公
寓。在这方面，乐队其他人一向比我理智，尼尔大概只是觉得
用信箱传东西会更简单一些。那盘磁带上面潦草地写着"黏糊糊
的弦乐"（Gloopy Strings）几个字，里面的曲子也很古怪，听起
来黏黏糊糊的，经过弯音轮[1]处理的弦乐循环绕着仅有的两个和
弦转来转去。我很喜欢它大胆的简洁感和不自然的旋律性，并在
此曲基础上编写了演唱部分：声调由低走高，直到进入一段假
声演唱的副歌——歌词类似于"她很特别"（"she is special"）之
类，没有什么意义。后来我把它改了，但改了之后同样没多大
意义：《她很时髦》（She's In Fashion），一首歌唱虚荣的颂歌就
此诞生，光鲜亮丽，都市感十足。等到录制完毕，它立即现出了

1　弯音轮（Pitch-bend）是电子合成器上的一个组件，可以在演奏时将单个音符的音调升高或
　　降低。

流行乐的光泽，从一首古里古怪、附庸风雅的泡菜摇滚[1]曲式摇身一变成了主流电台热门歌，并且它最后将会流传到我们的歌迷群体之外，渗透到更广泛的听众群之中。一想到被公认是山羊皮最轻松愉快、无忧无虑的音乐居然诞生于极端绝望和放浪形骸的破灭之境，来自堕落与糜烂在烧黑的餐具和焦煳的发皱锡箔纸背景前进行的一场污秽、凄凉的洗礼，我就觉得好笑。我们正在探索的音乐版图无疑符合尼尔的音乐专长，但随着创作进程不断迂回深入，创作方式变得越来越由键盘主导，理查德自然就感觉有点被边缘化了，作为一个吉他手，他开始不确定自己应该在我们下一张似乎要走电音风格的专辑里扮演什么角色。我想这对他而言大概是一段艰难的时期，因为不管怎么说，他还很年轻，还在努力适应我们的新世界秩序，力图在其不断移动的地壳构造板块里找到立足之地。当然更要命的是，随着我跟乐队其他人的生活变得两极分化，关系变得越来越远、越来越淡，我个人也进一步与整个乐队脱节。我已不再花多少时间跟他们待在一起，而理查德一定尤其难过，当时他一定是眼睁睁地看着事态恶化到令人焦虑的危机边缘，却无处诉说心中的苦闷，可即便如此，他还是不断贡献出很棒的灵感。他很聪明地无视了我为专辑定下的束手束脚又很反自然的前提，有一天，他带来了一首名叫《恶心》（*Repugnant*）的歌，它以细密的琶音吉他打底，流

1　Krautrock，1970 年代德国涌现出一大批影响深远的前卫乐队，如发电站乐队、浮士德乐队、橘梦乐队（Tangerine Dream）等，风格是在摇滚乐中融入大量电声实验，营造出宏大、迷幻的氛围。英国媒体采用对德国人的蔑称"泡菜"（Kraut），将他们统称为"泡菜摇滚"，之后这个名称延续下来，用以指代上述德国乐队所代表的音乐风格。

畅自然，清新有机，总而言之具有一切我们事先说过不想要的品质，可是，它就是好得叫人无法拒绝。就像之前《美丽的人们》和《周六夜晚》的情况一样，我对它的副歌颇有微词，于是我们又写了一段感觉更尖锐也更直接的来替换。最终，这首歌成了一首流露着宿命与无常感的颂歌，表达了如果"神"真的存在，那它也只不过是周而复始的日常节奏的一部分：既不虚无，也非远在天边，虽然平凡，却依然特别。我为它起名为《万物终将逝去》（Everything Will Flow），直到今天它都是我最钟爱的山羊皮作品之一。还有一些歌曲更黑暗、更机械化。贾斯汀曾给我听过她新专辑的一些片段，其中有一首歌我很喜欢，名叫《人类》（Human）。有一天，我坐在电子琴前，试着用我极其外行的手法去翻弹它，却忘记了贝斯连复段的走向，结果弹出来的曲子虽然隐约透着原曲那种黑暗、危险的感觉，调子却完全不一样。我称它为《高保真》（Hi Fi），后来我们把它带进录音室之后，那凶险地涌动在暗处的连复段活了起来，蜕变成了火花四溅的摩登脉搏。

厄运接二连三到来，除了我的药物滥用和理查德被边缘化这两大问题之外，尼尔又恰巧在这个节骨眼上生了病。为了宣传持续走红的《来了》，我们长途跋涉进行了苦不堪言的世界巡演，无疑留下了创伤。巡演会把一个人彻底掏空：没完没了地重复同样的事，无休止地轮回于酒神的狂欢宴饮、每日宣泄、连续数小时漫长麻木的空中飞行，以及怀着奇怪的亢奋期待有事发生的巡演大巴旅途。查理·沃茨[1]有一句名言，他将自己的音乐生涯总结为"5年工作加20年闲逛"，此话一针见血，但也掩盖了一个事实，即待机时间并不比你花在演出上的时间来得轻松，甚至可能更累人，因为在此期间，你就像牲口一样被人驱赶着从一块贫瘠的空地去到另一块贫瘠的空地，脑子里时刻装着"赶紧去候场"的紧迫感。正是在这样奔波劳累又望不到尽头的巡演环境下，尼尔忽然染上了腺热病，并最终被诊断为慢性疲劳综合征。这种奇怪的病症很复杂，通常涵盖了多种症状，但它会导致患者极度疲劳，连最简单的工作都无法进行。我不能说百分百地了解客观事实，反正从我的主观视角来看，尼尔变得越来越虚弱，最后连门都出不了，这样的状况进一步瓦解了乐队成员间比以往任何时候都要破碎的个人关系，也让我更加疏远了他们，一心只求避世隐居，懦弱地用纵欲这层薄薄的裹尸布来掩藏自己的恐惧与抑郁。

1　Charlie Watts，滚石乐队鼓手。

它死在青葱六月的白色时辰

　　挂在墙上的一组巨大黑色扬声器的锥筒扇动着，放出费尔南德斯（Fernandes）吉他走调的过载尖啸，刺得整个房间都在颤抖，录音室里四处散落的塑料量杯里的水随之泛着波纹，激烈搅动。就在那原本尖细破碎却被放大了无数倍的失真音乐重重向前推进的时候，一个严重延迟的人声突然从噪声里冲了出来："给我头脑/给我头脑/给我头脑音乐代替。"（"Give me head / Give me head / Give me head music instead."）我跟随这歌声摇头晃脑，聚精会神，面无表情，目光投向地板，反常地对那荒谬的歌词充耳不闻，只是偶尔瞟一眼背对我坐着的制作人后颈，试图判断他对我展示的这首小样的反应。随着最后几个音符落定，他将椅子转向了我，吸了一口从不离手的香烟，一阵尴尬的停顿之后，他看上去很疲惫的暗淡双眼终于对上了我的目光。"我不喜欢它，"他直截了当地宣布，"我不做这歌。"

我们已经决定了要换制作人。由于前景一片大好，再加上成功助长了我们的自我膨胀，我们天真地想着如果要做一张不一样的唱片，那就得换一只手来掌舵。但换掉艾德也不完全是我们单方面的背叛，因为当时他已经和家人一起搬到了海外生活，与他继续合作当然也不是不可能，但实际操作起来恐怕会麻烦得很。撇开物流运输的问题不谈，他搬去的国家偏偏是美国，这似乎也是天意在暗示我们要去找别人。现在回想起来，从很多方面来说这都是一个错误的决定。要是我们选择了再次跟艾德合作，我们共患难的历史和他为人处世的技巧或许会成为维系乐队关系的黏合剂，将我们拉回团结的表象，不过也有可能在那个时候做什么都为时已晚。我们用来替代他的制作人名叫史蒂夫·奥斯本（Steve Osborne），一个沉默寡言、过分较真的人，说话轻声细语，一口大路化的河口口音[1]，是个常年泡在录音室里的"录音室生物"。最初是索尔建议起用他，说他可以为我们的音乐带来一种更现代的特点，可以带领我们从过去那种更华丽的风格转型，远离我们绝不想再回去的老路。而我们看中的则是他曾制作过《药片和战栗和肚子疼》[2]——结合时代背景来看是一张很激动人心的专辑，不仅定义了一个流派，也是我和马特青年时代的背景音乐之一。于是我们在位于樱草山的梅菲尔录音室（Mayfair Studios）和他碰了面，打算先合作两首歌试试看。我写了一首

1　Estuary English，广泛流传于泰晤士河岸及河口地区的英语口音，是介于英国上流社会的"女王英语"和工人阶级的伦敦腔之间的中产阶级常用口音。

2　*Pills and Thrills and Bellyaches*，英国另类摇滚名团快乐星期一乐队（Happy Mondays）1990 年发行的第三张录音室专辑。

童谣似的奇怪小调，里面的主角是一位虚构的神秘蛇蝎美人，歌名叫作《随机应变》（*Savoir Faire*）。这歌很单薄，又傻又怪，但史蒂夫却看到了其中可以让他发挥之处，然后动手做了一支出奇制胜的怪歌，它有着电气化的节奏，融合了现场录制的鼓点和采样，以不同声音拼贴出强劲的脉冲。在节奏的不断变换之间，整首歌突然活了起来，从一件可爱、无害的小玩意摇身一变，成了一头咄咄逼人、攻击性十足的黑暗野兽。这正是我所期望的下张专辑的前进方向，所以我们头脑一热，决定跟他展开合作。遗憾的是，那一次短暂的录音积聚的能量似乎没能延续下去。我们在拉德布罗克丛林路入口边上的伊斯特克特录音室（Eastcote Studios）再次集结，然后在1998年那个灰暗阴沉的夏天走向分崩离析。一想到史蒂夫·奥斯本，我总是按捺不住地想抓起电话跟他道歉。我想，他所看到的山羊皮毫无疑问处于生涯的最低谷，混乱不堪，毫无创造力，运转不良，而他眼中的我大概也与我心里刻意美化过的那个自己相去甚远。在那个时间点上，我的毒瘾已经深重到无可救药的地步，而我做音乐的动力则完全退居二线，这暴露出我天性中的弱点和自私自利的一面，对此，史蒂夫必定有太多次都看在眼里。由于我们才刚刚认识，他对乐队的过去一无所知，也没有任何共同经历可言，他只看到了眼前有一支几乎无法运转的乐队，而他被派来的目的就是想办法激励乐队做一张专辑——即便在最佳状态下，这也是一项不可能完成的任务。我的毒瘾、理查德在音乐上被边缘化，再加上尼尔因病缺席，导致我们内部产生了一种怪异的失调气氛，在这样的情况下，我们把史蒂夫一个人丢在录音室，却没留给他什么素材，迫使他不得不独自绞尽脑汁变出东西来，我还记得在那些录音时段里，乐队成员常常只有马特一个人到场。从某种意义上来说，这种不同寻常的动力也造就了《头脑音乐》（*Head Music*）独一无二的感觉。这张专辑或许具有某种古怪的优点，但我还是时常忍不住去想，如果当时的山羊皮是一支正常运转的乐队，它又会是什么样子。我一直把它看作一张成功了一半的唱片，有些歌比如《他走了》（*He's Gone*）、《印度弦乐》和《万物终将逝去》都属于我们最好的作品之列，但很遗憾当时我们的集体判断力严重失灵，以至于让少数几首滥竽充数、呕哑难听的劣曲——譬如《米字旗的裂缝》（*Crack In The Union Jack*）、《石棉》（*Asbestos*）和那首可笑的专辑同名曲——混了进去，削弱了它的水准。我们对前几张专辑近乎偏执的质量管控此时荡然无存，虽说我们宣称新专辑要有新气象，但造成这种局面的主要成因还是神不知鬼不觉间侵蚀了我们的惰性——一种"最后总会有办法"式的消极怠工态度对我们工作的根基造成了致命性的破坏。艾德不在即意味着在场没有一个人明白到底该怎么去做一张典型的山羊皮专辑，或者不如说也没人想做，说实话这正是我们雇史蒂夫的原因，但从另一方面来说，我们在摸索新身份的同时，也将专辑引向了一种毫无约束、杂乱无章的风格，有些部分特别出彩，但其他的就差得让人惭愧了。如同命中注定一般，我们在选择B面曲目的时候继续犯了以往的连环错误，将那一时期最感性、最动人的一个瞬间弃置于寂寥的风滚草[1]之境。它名为《离开》（ *Leaving* ），是为了给贾斯汀打气而创作的，当时的她陷进了一段正在消逝的感情里，在爱情熄灭后的余烬中茕茕孑立、黯然神伤，她不够清醒，也没有勇气走出来，而《离开》就是来自朋友的一声鼓励。在我看来，它意在传达一种及时行乐的想法，还包含一丝希望以及一声对变革的召唤。我记不清自己有没有专门在她面前唱过它，如果她听到了这首歌，恐怕会厌恶它暧昧不清的感伤情绪和甜腻之感吧，但有时候你为别人写歌，并不是指望让他们真的去听，他们的角色在很多情况下仅仅是一种创造灵感的载体。还有一首歌虽然极具争议，但最后确实达到了水准，它就是尼尔单独作词作曲的《象人》（ *Elephant Man* ）。他第一次给我放这首小样的时候，我觉得它相当出色，也感觉到了创作者的真诚与自嘲。我把这首歌理解为他对自己病情的感言，认为它既有诚意也不乏力量，继而不顾索尔的强烈反对，坚持将它收进了专辑。如此一来，山羊皮的专辑里第一次出现了不是我填词的作品，这让我感觉甚是新奇。回过头来看，我想我是被一种别扭的理想主义蒙蔽了双眼，无视了它有点过于简化、重复，略有点打油诗的嫌疑，这样的歌放在现在来看显得有些可有可无，但在1998年那些没有阳光的阴郁午后，它却打动了我，向我展现了我们生活的一个瞬间，因此自然蕴含着一份真意。

　　在《来了》浩浩荡荡的宣传巡演接近尾声的时候，我们写了

1　荒原戈壁的一种常见植物，当干旱来临的时候，会从土里将根收起来，团成一团随风四处滚动。

一首歌，名叫《他走了》。这首优美动人的歌曲借鉴了《我的路》
（*My Way*）等经典的老式感伤情歌的氛围，描绘了我和萨姆的关
系缓慢走向破裂的历程。我们曾在梧桐树下、在西伦敦一年比一
年肮脏的街道上蹒跚而行，彼此相伴度过了多年时光。她坦率的
智慧和质朴的诚实中和了我愚顽张狂的个性，成为将我们两个人
结合在一起的动力，也为我们共度的幸福时光搭建了感情基础。
然而在相依为命的同时，我们也一道滑进了毒瘾的深渊，这无疑
又将我们的关系进一步推至病态的相互依存，然后我们发现自己
陷入了一种奇怪的迷境：我们的感情已被药物滥用慢慢杀死，但
我们主动寻求改变的能力却受到了抑制。虽然无法用语言表达出
来，但在内心我似乎开始生出一种负罪感，恨自己将她一起拖进
这样的地狱。我觉得自己特别强词夺理、不负责任，还在骗自己
说这只不过是一种变相的工作，我只是在以游戏的形式做我自己
的事。但对她而言，后果似乎远远无法这么轻描淡写，在被这趟
炼狱般的悲惨旅程逐渐拖垮的过程中，她所尝到的苦果也要现实
得多。在《他走了》里面，我使用了和很多年前的《我无法满足
的一个》一样的手法，即切换视角，用第三人称来讲述自己的故
事，串联出一个关于失去和悲伤、满载着苦楚的传说，直到今
天它依然能打动我。十年以后，我将在阿尔伯特音乐厅（Albert
Hall）举行的山羊皮回归演唱会上唱起这首歌，献给一位朋友杰
西（Jesse）——在那不久之前他刚刚悲剧性地结束了自己的生
命，而它的歌词和曲调似乎也一样契合当时的情景。另外，杰西
还是我和萨姆共同的好友，我们都深深怀念着这位美好的故人，

这一事实也让我的做法显得合乎情理。回到当初录制《他走了》的时候，史蒂夫·奥斯本剥去了它相当传统的本质，并用延迟效果器和合成器赋予了它现代感，让它一举成为整张专辑的一大亮点，也成了其中为数不多的至今依然让我备感自豪的歌曲之一。

就在我们东拼西凑地填补整张专辑的时候，索尔又一次提醒我们还缺一支首发单曲。《她很时髦》虽然充满了时髦的混搭魅力，适合打榜，但它太轻松了，不够分量，对于一支以发单曲大胆、不按常理出牌著称的乐队而言，它还不足以作为开场白。所以为了不给歌迷造成困惑，我、理查德和尼尔开始忙于一项通常算是例行公事的流程，即"写一支单曲"，如果进展不顺，整个过程就会让人感觉既被动又程式化，只不过是完成一串冗长无聊的清单，一套空洞的音乐动作……我们就是这样构思出了《电》（*Electricity*），一首献给无意义的赞歌，毫无创见的现成品，含有"大段的"副歌和"大胆的"主歌，浪费了每个听众4分39秒的时间，用《一九八四》里面裘莉亚操作的一台小说机器[1]就能生产出来。这首空洞的歌除了喊得大声之外没有任何意义，虽然它迅速冲上了单曲榜第5位，在主流媒体上密集曝光，就像它那位同样乏善可陈的表兄《在一起》一样，但这根本就代表不了任何事，因为真正的珠玉之作比如《野性的人们》和《万物终将逝去》都只是苦苦挣扎着流落在榜单边缘。唉，好吧，这就是人生。不过对于那一阶段的作品，我想最严厉的批评还是得落到我

1　裘莉亚是《一九八四》里的女主角，在真理部小说司供职，工作内容就是掌管一套小说机器，根据组织要求生产小说。

自己的歌词创作上。那时候我罪无可赦地丧失了专注力，变得以自我为中心，导致我一贯敏锐的观察力变得迟钝，并开始慢慢陷入拙劣的自我模仿。想必正是因为我在这张专辑的作词上总体表现得很懈怠，才引发了一场针对我的创作风格展开的剖析，并激起巨大反响——各路乐评人开始眼尖地看出我在反刍自己过去的想法，而且问题严重到让人感觉谁都能写一首像模像样的山羊皮作品，只需要堆砌几句诸如"核空"（"nuclear skies"）、"租来的车"（"hired cars"）、"高速路边的猪"（"pigs by motorways"）之类现成的语句就行。当时我为自己做的辩解是，我有意要将重心从歌词转移到音乐上，以摸索某种现代感，但毫无疑问没有任何人会这么去理解我。直到今天，我发现自己依然摆脱不掉这个历史遗留问题的纠缠，而它归根结底就是我在《头脑音乐》里的消极做法结下的恶果。我想，过去我踮着脚尖刚刚好走在正确的一边，热衷于开发一套独特的词汇和语调以构建山羊皮独一无二的世界观，但随着对毒品的依赖和渴求搅浑了我的大脑，我开始放任自己滥用那套语言系统，于是原本强有力的歌词风格便沦为对既有构思的重复利用和过度依赖，成了人们听腻了的陈词滥调，让《头脑音乐》整张专辑都染上了空洞而平庸之感，也造成了意料之外的严重后果，直接波及了下一张专辑，对此我感到悔恨不已。

当然，《头脑音乐》里也不乏有意义的时刻，比如有一首歌以炽热的灰色笔触记录了我悲哀的生活状态，歌名就叫作《低沉》（*Down*）。它是我独自在一架袖珍三角钢琴上创作完成的。

那架钢琴购自哥彭路上的一家古董店，被我摆在一间落满灰尘的空客房里——那房间面朝着将咔嗒咔嗒的铁路线挡在后面的老旧红砖墙，更远处，西路高架桥（Westway）隆隆低吼、飒飒呼啸，哈罗路建筑区成群的塔楼高耸于背光的苍穹，连成一片巨大的阴影，弥漫着一种科幻小说式的美感。《低沉》是一首传统的抒情曲，后来尼尔指出它的感觉有借鉴约翰·列侬的《妈妈》（Mother）之嫌，但当我在一个阴郁的黄昏敲出最初几个和弦时，它们的音色更显沉闷厚重，恰好呼应了歌词里讲述的悲剧。这首歌就像是一幅冷酷的自画像，将我自己描绘成一个憔悴、虚弱的黑暗幻象。副歌唱道："嘿你驱逐了白日/嘿你将百叶窗拉下，放飞了你的意识。"（"Hey you chase the day away/Hey you draw the blinds and blow your mind away."）好一张悲哀而诚实的快照，抓拍到了我生命中一个绝望而真实的瞬间。这次直白到令人痛苦的自我反思源于一次着实骇人的事件留下的阴影，而此事最终也成了我人生中一个至关重要的分水岭。事发的夜晚降临时，那段模糊成了一个污点的混沌岁月已进入倒计时，艾伦、萨姆和我将用药提高到了前所未有的剂量，三个人犹如漂进了一片从未被探索过的陌生海域。我们打着哆嗦，浑身发抖，面容狰狞，把自己推到了远远超出一般人所能承受的极限之外——甚至超出了我们自己的极限。然后萨姆颤巍巍地爬到楼上去用浴室。忽然，我和艾伦听到咚的一声巨响，回声穿过天花板不断回荡，紧接着是一串奇怪的敲击声。我和艾伦立即意识到发生了极其严重的事，急忙冲到楼上，发现萨姆倒在地板上痛苦地抽搐，她的样子很吓人，嘴里吐着白沫，眼球向上翻，身体随着一阵阵可怕的痉挛疯狂震颤。就在惊骇和让人手足无措的恐慌将我攥住的一瞬间，我内心深处不知从哪儿涌上来一种本能，无意识就上去用手掌根部反复按压她的心脏，同时对着她的嘴里用力吹气，直到她哆嗦着倒抽了一口气，终于从鬼门关回到我们身边。在那炼狱般不可置信的瞬间，我们三条命犹如悬在同一根蛛丝上，窥见了某种黑暗到无法用语言描述的东西。它让我永生难忘。直到今天，我仍会备受煎熬地想到那个夜晚可能走向的其他结局，那一幅幅幻象构成了一个无限循环的恐怖闭环，依然不时萦绕在我的心头。

我们不必活成这样

那个不堪回首的恐怖时刻让人很难走出来，与之相比，回归音乐产业枯燥的机械化日程一事显得如此微不足道。而就算那桩悲剧留下了一重又一重的恐惧和挥之不去的阴影，就算旅途充满坎坷，走得跌跌撞撞，就算唱片本身存在种种缺陷，制作过程也支离破碎、毫无乐趣可言，就算有无法解答的巨大问题摇摇欲坠地悬在乐队头顶上，我们还是很不可思议地完成了工作，交出了一部每个人都假装自己满意的作品。一旦进入专辑的宣传阶段，到了某个环节之后，包括乐队、唱片公司、经纪人、发行商、公关和宣传在内的整个团队都必须齐心协力去支持它。反思和质疑的时间结束了，所有人都有义务去说服自己和身边其他人相信他们爱自己为之工作的产品，并向外界散播热情，激发业界的信心。所以每逢一些特定的乐队发布新唱片时，无意义的套话诸如"这是他们迄今为止最好的作品"或"他们强势回归"就会被翻来覆去地再说一遍。所谓唱片发行就是这么一套沉闷无趣、激不起创造力的机制，而除了一些出类拔萃的例外，发行唱片的也常常是些沉闷无趣、缺乏创造力的人，不会用除陈词滥调之外的语言来表达思想，不过从某些方面来说，这个产业确实也不需要什么想象力。虽然数字革命迫使音乐产业发生了天翻地覆的变化，后者仍然是一头笨重迟钝的巨兽，很难接受新思想，但它却也维持着这种不可动摇的稳定姿态，永远都在缓慢前行。我已决定为新专辑起名为《头脑音乐》，这名字透着一种隐晦、时髦的格调，让我玩味不已，同时暗示了我们想做的音乐具有更干净的线条。我承认这个短语好像是从贾斯汀那儿听来的，有一次她在描述某件事时脱口而出，然后我便像个收藏癖似的一把夺了过来，草草塞进了我囚禁于笔记本的词句森林。

业界、媒体和大众对唱片的接受向来有一点滞后，这意味着你总是处在以下两种状态中的一种：要么努力弥补上张专辑的过错，要么坐享上一张的成功。由于《头脑音乐》的前作是我们在商业上最成功的专辑，所以显然有潮水般的热情在迎接这张新专辑的问世。在宣传刚刚起步的时候，我们得到了前所未有的优待，音乐节让我们压轴，媒体给我们密集到饱和的曝光，唱片店也将我们放在最打眼的位置。新专辑发售掀起的动静太大，闹得沸沸扬扬，我们的排场也随之升级，不再只是几种报纸上零碎地刊登几段采访，而是有幸能召开一系列新闻发布会了。于是有那么几次，我们像几个萝卜奖[1]得主一样坐在主席台上，藏在墨镜

---

1 Turnip prize，英国的一个带有恶搞意味的艺术奖项，专门给每年最差的现代艺术作品颁奖，该奖项是对欧洲权威视觉艺术大奖特纳奖（Turner）的滑稽模仿。

后面，面对一堆不停按动的快门以及一小簇互相推搡着等我们开口的麦克风，暗自讥笑着眼前失常的超现实场面。事实上，任何一张专辑的制作都天然伴随自我怀疑和痛苦挣扎，从这种让人窒息的困境中解脱出来向来都是件令人相当兴奋的事。而从专辑的完成到它撞上现实世界冷硬的边缘之间则有一个月左右的时间差，这期间你总是真心认为自己创造了一种特别之物，以为它会有潜力通往你未曾到过的地方，你整个人充满了一种持续不了多久的雀跃感，并陷入心甘情愿的自我欺骗——一种建立在希望之上的错觉，但另一方面也是因为你只有发自内心地相信自己的作品，才能去推销它，换句话说，你必须忽略它的缺点以进行接下来的工作。于是我任由自己被卷入那肤浅的幻想，盲目听信业界吹进我耳中的估算得天花乱坠的预期销量以及不可估算的成功前景，犹如听一位风骚的情人在耳畔呢喃着甜言蜜语，然而这些终不过是不堪一击的幻觉，等到一切都不可避免地归于平静，丧失了新鲜劲儿，包围着我们的纸牌屋就将开始倾倒崩塌。

　　我们用几场歌迷俱乐部演出拉开了宣传巡演的序幕，那几次现场都很混乱失控，其实哪怕我们不出场，气氛也会很火爆，因为人们的期待在那个时间点已趋于狂热，所以就算身体的虚弱和毒瘾削弱了我的舞台表现，这些缺陷也并没有完全暴露出来。事实上，我只有半条魂魄在场，身体机械地自己动作，从头到尾都无法借来狂气投身于酒神节的游行[1]——而狂性附体却是呈现一

---

[1]　酒神节是起源于古希腊的传统节日，每到这个日子，古希腊人会聚在一起喝酒、唱歌，疯狂地跳舞、游行，以狂欢来表达对酒神的崇拜。

场精彩演出的必要条件，正如尼古拉斯·罗伊格（Nicolas Roeg）的著名影片中特纳（Turner）[1]的一句台词所言："唯一能成功的表演，能真正大获成功的表演，只有通向疯魔的那一种。"等到正式的巡演开始之后，真正的问题便开始浮出水面。很快第一个麻烦就来了：尼尔的身体状况恶化到再也无法跟着我们继续上路了。纵然我们一心希望他好起来，但偏偏事与愿违，击垮他的疾病仍然让他长时间卧床不起，他的医生也建议耗体力又折磨人的巡演是他最要避免的事。那一定是他人生中一段糟糕的时光，但对我而言同样很艰难，因为我虽然心里怀有负罪感，也理解他的苦衷，但就是忍不住感到失望，而且因为我不知该如何表达自己的苦闷，导致内心积压的情绪常常化为怒气喷薄而出。由于很大一部分演出曲目都需要键盘，我们不可能再变回四人乐队了，于是我们便招了亚历克斯·李（Alex Lee）进队。早在1995年，我们跟奇爱乐队（Strangelove）一起巡演的时候就认识了亚历克斯。奇爱是一支很奇妙的暖场乐队，他们戏剧化、情绪化的歌曲一上舞台便活了过来。他们的主唱帕特里克·达夫（Patrick Duff）在舞台上是一位出类拔萃的表演者，充满挑衅，感染力十足；而在试音间隙和巡演的停滞时间里他则展现了出人意料的热情和善的一面；另外，让我甚感荣幸的是，我和他至今依然是朋友。对于帕特里克那不稳定的激烈能量来说，亚历克斯一直都像一块音乐基石，他不仅弹得一手精湛的吉他，还是超有才华的

1　英国导演尼古拉斯·罗伊格1970年的电影《迷幻演出》（*Performance*）中米克·贾格尔（Mick Jagger）所饰演的角色。

全能型乐手。他接到通知之后马上飞到了现场，没排练几次就直接上了台，以一种不可思议的冷静气场应对着无从下手的庞杂任务，稳住了我们这条在汹涌澎湃的大海上飘摇不定的小船。于是我们一瘸一拐地继续走了下去，但我却忽然生出了一种不好的预感，隐隐感觉到我们这一次所受的恐怕是致命伤。尼尔加入乐队以后，给我们带来了一种平衡和一种化学物质，而他在音乐上产生的影响则是一个至关重要的元素，让《头脑音乐》变成了它最终的样子。从很多方面来讲，我觉得山羊皮几乎已成为一支以他为中心组建的乐队，而现在，他所占据的位置突然空了出来，这种状况简直让专辑的完整性成了一个笑话，宛如地壳里致命的断层线[1]一样毁掉了整个巡演。就这样，杀人的枪里又一颗子弹上了膛，等着最后把我们干掉。

1　在地质学中，地壳断层面与地面的交线称为断层线，地震总是沿着断层线发生的。

第五部分

我溺死在鼓声敲响的农田

我一边呷着茶，倒磁带，一边眺望窗外，我的视线越过平静的草坪投向遮住了外边马路的低矮桦树林。花园尽头的树篱紧邻高路（High Road），川流不息的车辆发出柔和的簌簌风声，间或传来一两声嗖嗖和隆隆之响，挥洒着晚春的繁荣兴旺，飘然穿插在白日的节奏里——这样的迹象以一种奇怪的方式提示了其他人类活动的存在，无论多么脱离现实，多么相隔遥远。我租了一套居室，我想可以称为"老奶奶套间"，即加盖于一座大房子边上的独立小房间，我暂时隐居于此，以专心创作。它位于萨里郡一个名叫奇普斯特德的宁静乡村，该地区盘踞于当地富人住宅带的中心，住满了打高尔夫球的坏脾气商人和他们骑小马驹的无聊太太。我搬到这儿是为了自我隔离，尽可能远离都市的各种诱惑和狂乱节奏，它给了我空间和平静，让我能够整理自己的思绪，开始创作那即将成为山羊皮绝唱的新专辑。好吧，至少是重生前的绝唱。我还没有通过自己的考验。自从我的司机约翰（John）将我放下来以后，我就成了乡间绿林的掌中囚徒，自愿被放逐在一隅陌生而孤独的世外桃源，与流落乡野的寂寞和田园生活的冥思为伴。我间歇性地进入苦修状态，埋首于我的手动打字机上敲敲打打，对着麦克风嘶声吼叫，而在这一阵阵漫长情绪发作的间隙，我会清理一下自己昏沉混沌的大脑，穿上我又脏又旧的范斯（Vans）运动鞋，踩着荆棘夹道的小径走到很远的地方，任自己的思绪迷失在漫长的午后，沉浸于唯有片刻神清气爽的散步才能开启的冥想之中。我想要逃离堆满垃圾的昏暗房间、偏执的妄想和若隐若现的威胁，而除了如此种种俨然已成为城市生活一部分的事物之外，我尤其要躲避的是界定了《头脑音乐》起源的卑鄙可怖之物，因为虽然为时已晚，但我终究意识到了每次当我唰啦啦抖出垃圾袋里的东西时，倒掉的其实是自己的生命。然而当我在泥泞的小道上、在七叶树多瘤的枝干下游荡的时候，却又发现了另一种与我的预想完全不符的真相。慢慢地，我又重新发现了一个事实，即乡下并不是一首理想化的田园诗，不是将约翰·康斯坦布尔（John Constable）那些赏心悦目的无害风景画搬进现实后的模样，而是跟城市一样充满了淫靡的秘密。我常常会在无意中撞见从色情杂志里撕下来的书页沾满泥巴偷偷藏在灌木丛下面，或是泄露秘密的垃圾，即用过的吸毒用具，赤裸裸地揭示了人们无论在哪儿都会追逐生活的浊气。当我信步穿过宛若迪士尼世界一般的林间空地时，常会碰上锈迹斑斑的白色珐琅冰箱、被水浸透的家具残片，还有坏掉的车用儿童座椅堆成的酸臭坟场——废弃的非法倾倒物羞耻地藏身于此，在朴素宁静的美丽自然映衬下显得刺眼又超现实。关于新专辑，我开始一点一点勾勒出一个很粗略的想法，打算将它的背景设在一个被B级公路[1]包围的古怪乡村腹地，其中遍地都是被撞死在马路上的动物、野草丛生的混凝土小道和动物的腐尸——它描绘的是真实的乡间，是一幅略带泰德·休斯[2]色彩的黑暗幻景，而非浪漫化的克劳德·洛兰[3]式水彩画。我有点迷上了J.G.巴拉德的反乌托邦杰作《混凝土岛》(*Concrete Island*)：一部升级版的《鲁滨孙漂流记》(*Robinson Crusoe*)。在这本书里，一个男人发现自己被流放到了一片高速公路和防撞护栏环绕的围地，然后被迫在齐腰深的草丛以及生锈的坏车残骸之间求生，活在一个几乎超出感知极限的无形世界。当我在绿化带周围游荡时，这个故事的意象开始引起了我强烈的共鸣，并一直停留在我的脑海里。虽然这一想法最终被稀释淡化了，但在将近20年之后，它将通过《蓝色时分》(*The Blue Hour*)再现。我寻思着像巴拉德和奥威尔这样的作家究竟何德何能，怎么会影响了那么多的音乐人。于我而言，他们的作品既有深刻之处，又不乏风格，他们创造的世界亦是如此，堪称深度与表象的迷人混合体。两个人都冷酷无情地剖析了人类境况的废墟，而他们的剖析又都放在极富张力、极度风格化的舞台上进行。《一九八四》虽具有现实意义，说穿了也不过是一个用矫

1　英国的公路分为 M、A、B 三个等级，M 级最高，相当于高速公路；B 级最低，是位于比较偏远地区的较窄路段。

2　Ted Hughes，1930—1998，英国现代派诗人，被公认为"二战"后英国最重要的诗人之一。他的诗歌多以暴力为主题，擅长运用自然和动物作为诗歌创作的素材。

3　Claude Lorrain，1600—1682，法国画家，古典主义风景画的奠基人。

饰的背景衬托的简单爱情故事；而巴拉德的新未来主义意象则一直让我觉得充满了戏剧张力，我几乎可以清清楚楚地看到它的舞台布景。我想，大概就是这种可感知的戏剧性让音乐人产生了共鸣，然后被传送到了构成绝大多数摇滚歌曲的简单化笔触里。

就像为《巴黎伦敦落魄记》（*Down and Out in Paris and London*）取材的奥威尔一样，我在自己的乡下避难所度过了两三周与世隔绝的日子，沉入深不见底的阴郁思绪，直到食物耗完，我的忍耐力到了极限，然后打电话叫约翰来接我回伦敦。约翰是一个很棒的发现。我是通过索尔认识他的，索尔跟他有交情则是由于他曾在裸体唱片内部人满为患的时期给索尔打过工。在耗费了无数个小时跟无数个出租车司机闲扯之后，有一天我终于忍无可忍，决定为自己找一位司机。我买了一辆车，然后结识了约翰，我和他就像俗话所说，是干柴遇到烈火一拍即合。他是长途旅行的完美旅伴，也是一位和善有礼且非常有趣之人，拥有托特纳姆热刺队球迷那种冷到骨子里的幽默感和善于自嘲的智慧，讲起话来一口声调平平、元音拖长的大河口口音。虽然不止一次在公共场合被错认成罗尼·伍德[1]，但他本人却是属于没人会说他一句坏话的那种人。他整个人透着一种与世无争的平和气质，平和到哪怕有一天新闻里突然报道说耶稣化身为一位来自卢顿市的热刺球迷重新降临世间，我也丝毫不会感到惊讶。在21世纪之初那几年不上不下的尴尬过渡期里，我们成了非常要好的朋友，而且让我很开

1　Ronnie Wood，滚石乐队的吉他手，摇滚圈著名的"坏小子"和放荡不羁的花花公子。

心的是，我们的友谊一直延续至今。言归正传，约翰来乡间小屋
接我，我将行李往后座一甩，然后和他一道沿着柏油碎石街道蜿
蜒而上，在伦敦南部的环形公路上穿行，一路上随意聊着音乐或
足球，漫不经心地听车载音响里播放的《软件骤降》[1]或《逃亡者
之歌》[2]。最后，我们的车悠然驶上木兰树成列的熟悉街道，约翰
将我放在新家的门口。我的新家位于诺森伯兰广场，是一座正面
为灰泥外墙的白色联排屋，跟穆尔豪斯路只隔两条平行的街——
十年前正是住在穆尔豪斯时经历的种种妖娆往事启发我创作了
出道专辑的歌曲。我的新房子是一座很经典的伦敦联排屋，外
观优雅，有复折式屋顶和朱丽叶式[3]的漂亮锻铁阳台，所有房间
的天花板都很高，边缘装饰着石膏线，细节处不乏时下流行的多
种元素，堪称房地产经纪人的梦想之屋。后来这一带会被划为骑
士桥区，然后被避险投资者们毁掉——他们不仅大肆建造双层地
下室，还玩世不恭地将房子视为"投资机会"而不是家。幸运的
是，我在这一切发生之前买下了那座联排屋，当时那儿还是一个
美好又好客的社区，活跃着形形色色的艺术家、演员和风度翩翩
的旧学院派外交官，日常进行的都是关于电影和戏剧的稀奇古怪
的有趣对话，而非"每平方英尺多少英镑"和"最大化利用空间
死角"之类干巴巴的讨论。我将买房子视为一次颇具象征意义的

1　*The Sophtware Slump*，美国独立摇滚乐队老外公乐队（Grandaddy）于2000年发行的专辑。

2　*Deserter's Songs*，水星逆转乐队（Mercury Rev）1998年发行的第四张录音室专辑。

3　源自莎士比亚名作《罗密欧与朱丽叶》第二幕的经典场景：朱丽叶伫立在阳台上，罗密欧在下
　　面对她倾诉了爱慕之情并爬上了阳台。现在"朱丽叶式阳台"常用来形容与剧中朱丽叶的阳台
　　类似的凸出式小阳台。

行为，代表着我努力从毒瘾的恐怖支配中逃离的一次尝试；另外，我也是试图用换住所的方式让我们的生活转入更干净的新阶段，虽然上一阶段的遗毒曾有过短暂的渗透。那座房子又明亮又温馨又漂亮，让人不由感觉在里面长大的孩子一定会有幸福的童年，我绝不能让它再次沦为韦斯伯恩花园别墅那种藏污纳垢的龌龊毒沼。房子里还有不少空房间，所以当听闻一位朋友暨我曾经的化妆师塔妮娅·罗德尼（Tania Rodney）要搬出她当时居住的公寓时，我们分给了她一间。塔妮娅来自约克郡，是一个性格开朗又精明的女孩，有时候爱虚张声势，不给人留情面，但也很会打圆场，善于开玩笑把气氛圆回去，而且一贯都很讨人喜欢，最后可能也是最重要的一点是，她跟我死命要躲开的那个糜烂败坏的伦敦瘾君子圈没有一丝一毫的关联。经过多年的交往，我们已成了莫逆之交，而在大家一起住在诺森伯兰广场的那些年里，她用潜移默化的方式约束了所有人，使我们不致偏离正轨，重回过去那种毁灭性的混乱状态。我估摸着讲一个人如何努力变得清心寡欲的故事读起来恐怕不是很有趣，也不符合艺术家随心所欲的形象——那种虚构的荣格式原型，胡说八道的所谓"吉他英雄"主题的摇滚谎言。讽刺的是，刚刚我却花了本书整整一章的内容记叙自己如何堕入吸毒摇滚明星的下坠螺旋，沦为又一个可笑的复制品，但事实上我一直都很讨厌许多人暗暗喜欢的那些老掉牙故事，一心希望真正的艺术性来自记录生活真相的勇气，而非年少叛逆、胡作非为。如果生活的真相恰巧包含烧焦的锡箔纸和失心疯，那就顺其自然吧；但就算真相不是那么大的事，也没有那么香艳刺激，其内容也具有同等的价值。我相信，哪怕在最不可能的地方也总是藏着打动人心的歌，有时候好歌就潜伏在细微的家庭矛盾和琐屑的误解里，只是懒惰的创作者懒得去那儿寻找它们罢了。

无可避免地，我为自己轻浮地触碰毒品及滥用药物而追悔莫及。虽然彼时我将自己不计后果的放纵行为辩解为职业需求，即写出有趣音乐的一个几乎不可或缺的要素，但事到如今，我不得不承认那种说法只是一个借口，只是为自己无力控制饕餮之欲所做的苍白辩护。每当我想起那些浑浑噩噩虚度的日子，那些恍恍惚惚的麻木宿醉，我都会感到些许恐惧，然后深思倘若将所有荒废的光阴用在别处，我又能做些什么。而事实上我都做了什么呢？不过是追逐了一场游戏人间纸醉金迷的疲惫幻梦。世人脑中常常存在一种误区，习惯性地将享乐主义与创造力挂钩，从某种层面上来说，我大概也算是佐证了这一误解的愚蠢帮凶。毒瘾和放纵居然被当成了搞创作的基本条件，这种假想似乎基于一个事实，即历史上有太多富有创造力的人都活得放荡不羁。我则认为真实原因更可能在于创作者都有一颗好奇之心，驱使着他们去探索异变状态下的精神世界，可真的到了那个世界以后，他们的创造力却鲜有提高，或者说并未比平常强多少。当然凡事皆有例外，或许存在一些特例可以反驳我的观点，但回顾我自己的音乐生涯，再反观我的个人经历，我不免心里一沉，沮丧地感到如果我能管住自己不碰那玩意儿，我的作品只会更好不会更差。我经常能在我们早期的唱片里听出不足之处和注意力涣散的问题，有时候我真恨不得回到当初去纠正那些"错误"。然而正如赫拉克利特的一句名言教给我们的道理："人不能两次踏入同一条河流，因为河不是同一条河，人也不是同一个人。"我认识到回到过去终究是徒劳的，除了给自己挽回点面子之外，对他人几乎没有任何意义。事情一旦过去，就成了过去。我同样会提醒自己的是，音乐就跟人一样，常常会因为缺陷和瑕疵而更加真实，更添美感。"犯错乃人之常情。"某位远比我聪明的人曾如是说，一语道破了人类的存在状态——美中有缺憾，有时也正因其缺憾，才是艺术孜孜以求的终极目标。

我带着在萨里郡野外取得的成果返回伦敦，投入跟理查德和尼尔一同进行的创作之中。通常当一个新的录音时段刚刚开始时，气氛总会很高涨，此时我们总是会撞上一些上乘之作，这次也不例外。我将诺森伯兰广场的房子顶楼改成了一个工作间，找吊车把我的袖珍三角钢琴吊了上去。那一天，周围的邻居兴冲冲地从房子里跑了出来，不安地聚在人行道上，伸长脖子惊愕地围观这一幕——看到有个音乐人搬到街上，他们大概有点吓到了，可能其中有些人还知道我属于名声不那么清白的那种。我的新工作间很漂亮，带有一个镶着瓷砖、朝向西面的阳台，俯瞰着一片教堂尖顶和1960年代的塔楼建筑群沿西伦敦向远处延伸。每当创造力走到绝路的时候，我就会坐在阳台上一张涂过木馏油的花园长椅上，一边抽烟，一边凝望面前延展开来的雄伟城市之景。有一天，我瘫坐在那儿，沉思着我和萨姆走入迷途、龃龉丛生的生活，然后一首歌词开始浮现在我的脑海里，它用大海的无边无际来描述两个人之间的距离，我将其命名为《海洋》(Oceans)。这首歌很简单，只由一段蜻蜓点水式逐渐上升的主歌和一段高扬的副歌组成，却向我诉说了一个真相。它讲述了一点一点慢慢死去的爱情，并非在绚丽悲壮的熊熊烈焰中玉石俱焚，而是怀抱着孤独无声无息地裂成碎片。我试图表现一段随着长期的隔阂静静走向毁灭的关系——当音乐本身需要戏剧张力来推动、需要火焰来点燃的时候，这种主题会很难呈现出来，但我很高兴它含有这层意思，而且直到今天我也依然会为之动容。于我而言，它是一首虽被低估但非常重要的作品，让我又一次醍醐灌顶地意识到人生剧场里那些安静、幽微的瞬间亦蕴含着力量和美，其程度比起光彩夺目的重大时刻甚至有过之而无不及。如今这一信条依然在很大程度上启迪着我的创作。

　　我在萨里郡创作的歌曲里有一首暂定名为《大胆的》(Plucky)，它最初是理查德给我的一段蛛丝般缱绻、错综复杂的吉他旋律，我一听就爱上了。围绕这段吉他，我写了一首关于我朋友艾伦的歌，从他魅力四射的乖张性格里提炼出点滴细节，赞美了这位举世无双的绝妙人物的本质。我给此歌起名为《便宜》(Cheap)。正如好心在我这两本书上投入时间的诸位读者所见，艾伦是我生命里一个如影随形的存在，不断在我的世界进进出出，弹着他的烟灰，将一切都染上了他的颜色——风度翩翩的古典气质和不留余地的狂热享乐主义激烈碰撞交织而成的奇异色彩。他的魅力向来让我欲罢不能，而他的生活则嚣张地挥舞着剪不断理还乱的触须，随时都会伸到界外，而且几乎就像照着剧本演出一样，无时无刻不透着一种戏剧性，常常叫人在手心捏一把汗的同时又捧腹不已。我想，正如一切在某种层次上成立的人类关系一样，我和他互相弥补了对方欠缺的东西。他货真价实的明星气质和离经叛道的邪性吸引力让身为创作者和艺术家的我只能望而兴叹，我努力通过创作来模仿这些特征，但扪心自问，恐怕它们并不是我本身真正具有的品质。从很多方面来说，他是我一系列灵感缪斯中最常登场的一个，因此在我的创作万神殿里占据着独一无二的位置。作为好友，他既见过我最好的一面，也见过我最坏的一面，更见过好坏之间所有的中间状态，无论何时我都能从他身上得到启发，直到今天也依然如此。

自不待言，我们绝对不愿回到制作《头脑音乐》时让人如临深渊的灾难边缘，因此下定决心要把新专辑做成一张更天然的摇滚唱片，内容可以包括一些田园风的轻摇滚，反正无论如何都要避开上张专辑误入的那种人工合成氛围的阴暗城市死角。不知为何，山羊皮每做一张新专辑都像是从一个极端走向另一个极端，换句话说，我们做新专辑之前总是会给它设定一个前提，即它应在某一方面与前作截然相反。这一次也不例外。《头脑音乐》之后，我想来一次有史以来最出人意料的转折，而我心里也开始形成了一个想法：新专辑应当是《头脑音乐》所不是的一切——宁静，温柔，千头万绪，多愁善感。音乐生涯到了这个阶段，我想山羊皮的人设在很多方面已脱离了我们的掌控，经过过去十年的不断反射，如今投回我们眼中的乐队形象必然已被扭曲得不成样子，并且看上去依然跟我们自以为的真实面貌相去甚远。我们活在了大众对我们的看法里，被狭隘地定义为一支故弄玄虚、拐弯抹角、都市化且没有内涵的乐队，这让人感觉既窒息又不安，犹如身陷囹圄的囚徒。不可否认我们自己也负有责任，也曾在不同的时间点为那些刻板印象宣传造势，但就像很多乐队一样，我们也被局限在了自己唱片公司的狭隘预设之中，无力挣脱出来。公司内部都觉得我们很想颠覆人们对山羊皮的既有认知，做一张出乎所有歌迷的意料，且多数歌迷可能不会喜欢的专辑。不幸的是，我们不仅做到了，还做得太好，好过了头。一开始所有的出发点都没问题，如果争分夺秒、坚持不懈并心无旁骛地贯彻下去，说不定可以缔造一张杰作，但很遗憾，事情的发展将与我们的心意背道而驰，良好的初衷将会沉没在怠惰混浊的烂泥潭。

尼尔也贡献了几首曲子，但他的身体显然还是很虚弱，虽然他也像个勇士一样努力抗击着不断摧毁他的病魔，却依然一点一点地丧失了工作能力。我记得所有人都盼望时间能让他好起来，以为摆脱巡演的摧残之后他能得到静养的空间，况且现在我们已进入了相对风平浪静的创作阶段，他的状况应该会有所起色，转转悠悠地回到正轨，然后一切都会苦尽甘来。可是有一天，正当我坐在家里听《感觉你自己在瓦解》(*Feeling Yourself Disintegrate*) 的时候，电话突然响了起来。那是查理打来的，问能不能跟尼尔一起过来。我从他死气沉沉、毫无起伏的声调中听出了事情的严重性。我的胃里顿时翻起了一阵恶心感。十分钟之后，有人敲响了我的房门。接着查理和尼尔拖着沉重的脚步钻进了客厅，尼尔站在那儿，低头望着地板，平静地告诉我说他要离开乐队了。我立刻就明白这事没有任何商量的余地，他一定是经过数月的深思熟虑和心理斗争才纠结地做此决定，现在已没有任何事能让他回心转意了。他大概把这办法当成了唯一的救命稻草，以求夺回某种健康的表象。我还记得在这次短暂的会面中，我点了点头，面无表情地接受了他的决定，用冷漠的面具掩藏起了内心的恐惧、悲伤和忧虑激烈交战的灼烧之感。每当音乐生涯的关键时刻降临，我总是以很无动于衷的样子去面对，将自己的伤痛和恐慌全部埋在一层职业化的外壳之下，这大概是某种自我保护机制在发生作用，以防我的感情崩溃决堤。但对于伯纳德和尼尔的离开，我感觉到的除了被人抛弃的锥心之痛，还有失去朋友的悲伤之情。当我把尼尔送出门，生硬地对他说再见的时候，他眼中看到的大概是一个阴沉着脸、隐隐有些愠怒的男人端着公事公办的架子，虚张声势地应付整个局面。而事实上，我的世界已乱作一团，我知道在某种层面上，乐队受到了一记重击，可能再也好不起来了。

五 命悬一线

几只椋鸟在威尔德的黏土质低地上空高高掠过，在沿着 A2100 号公路悠然行驶的车流之上画着十字，打着旋儿冲入气流，逆着横扫南唐斯丘陵向东刮去的阵阵疾风飞行。遥远的下方有一间录音室，它的排练房里有一个被挡板围起来的密闭架子鼓亭[1]，里面黑漆漆的，散发着一股恶臭。伴随耳鼓嗵嗵、铜钹嚓嚓，印度经典黄花[2]线香冒出的一缕青烟在空气里绕了一圈又一圈，将檀香的香气混入香烟的闷浊烟雾里。西蒙紧拧着眉头，坐在他的架子鼓后面，愤恨地跟着鼓机跳跃多变的嘻哈律动打着鼓，他一脸消极反抗的表情，不适感一目了然。"兄弟，那一段棒呆了。"制作人用一口轻柔的田纳西拖腔说道，他终于关上了电子鼓机，结束了这番酷刑，然后晃晃悠悠地回到了控制室，丢

---

1 一般是用有机玻璃做的隔音墙搭成的小隔间，避免鼓声外散，影响乐队其他乐器和人声的收音效果。

2 Nag Champa，起源于印度的一种黄木兰和檀香的混合香料，不仅用于熏香，也用在肥皂和蜡烛等生活用品中。

下我们几个人在原地恼火地盯着地板，耳朵在突如其来的浓腻寂静中嗡嗡作响。"嘿，你觉得怎样？"我满怀期望地问道。西蒙抽了一口本森香烟，抬起头，我们终于四目相对。"听上去烂透了，布雷特，我们不应该跟他合作。"

我和约翰将铁灰色梅赛德斯SEC开进停车场，车胎嘎吱嘎吱轧过碎石路面，映入眼帘的是排列成弓形的单层红砖住宅群，连同主宅一起将庭院围在中间。主宅是一座砖木结构的斜顶大屋，开有人字形老虎窗。这里就是帕克盖特录音室（Parkgate Studios），一套位于苏塞克斯郡巴特尔镇的住宅群，跟我和马特家乡那个荒凉市郊的灌木丛林地相隔不算遥远，被我们选作了新专辑的录音场地。山羊皮不断变化的阵容现在有了亚历克斯·李，他已接替尼尔成了乐队的正式成员，偶尔也用他的才华和技艺为我们蓄势待发的引擎助推。我们找了位没什么名气的人来制作这张专辑，他名叫托尼·霍夫（Tony Hoffer），是个美国人，身形瘦小，一头红发，俨然是年轻版的伍迪·艾伦（Woody Allen）。索尔总是比其他人都更执着于让我们显得像是在自我革新，因为他知道喜新厌旧的大众迟早会将目光转向别处，除非你能不断拿出新东西，永远都能给他们眼前一亮的感觉；而作为艺人统筹，他狂热地在供他驰骋创造力的有限领域里探索着极限，心急火燎地给我们提了一堆不寻常的名字，以求把新专辑引出可预料的狭窄范围。不可否认，在这个时间点上，我们对自己想做什么样的唱片还很迷茫。如果足够有远见，我们就该将最初的想法贯彻到底，循着《便宜》和《海洋》等小样的最佳时刻所指的方向前进，做一张复杂而纤细的不插电专辑。然而作为一支曾在排行榜上风光一时的乐队，山羊皮是永远都不会被允许做那样一张专辑的，于是我们在螺旋式的下坡路上狼狈地挣扎着，死命要保住自己在主流音乐圈的一席之地，而随着种种罅隙裂痕开始浮出水面，我们的位置不可避免地变得更岌岌可危。坦白讲，我们团队内部悄然蔓延着一种着了火似的感觉，我们极度渴望新的想法，深知山羊皮过去的老套路已开始扼杀灵感，无法激起任何火花，唯有颠覆过往，亲手摧毁自己的神话，才能踏出前进的一步。不幸的是，尼尔的出走连带《头脑音乐》惨遭滑铁卢，再加上我滥用药物的后遗症，导致我们被推至分崩离析的边缘，我们根本看不到成功翻盘的希望在哪里，只能饮鸩止渴地抛出"电子民谣"之类荒谬蹩脚的形容词来引出某个走不通的新方向。就个人情况而言，我已走出了《头脑音乐》录制期间那种长年累月的毒品依赖，渐渐过渡到焦灼的戒毒过程，然后进入了一段相对干净的戒断期，但整个经历却在我的精神上制造出一种鲜明的不平衡感，给我留下了虚假的热情和一种精力充沛、身体健康的奇怪幻觉，使得我疯狂地想向自己、向世界证明我已经走出来了。结果导致我在音乐上做出了一些非常糟糕的判断，有一阵子还轻率地染了个难看的金发——在当时的我看来，那发型透着一种百变的活力，但事实上诚如我妻子不失偏颇的玩笑所言，我看上去活像个粉刷匠。

　　我们跟托尼·霍夫碰了面，以期注入他在与贝克（Beck）和空气乐队（Air）的合作中所展现的另类流行乐触觉。说实话，我们挺合得来的。托尼是个相当聪明的人，天赋卓绝，勤奋肯干，而且相处起来特别开心，只是他不适合山羊皮，就这么简单。哪怕所有的人都齐心协力，有些事就是求而不得。尽管这次录音终将成为一场灾难，过程却依然充满了轻松愉快的小插曲，气氛也是出人意料地欢乐。有这么一件逸事：托尼认为我们应当请洛杉矶的一位大牌键盘手飞过来助阵。等到合约签好、机票订好之后，那位乐手的经纪人尽职尽责地发给我们一条荒诞的合同要求，规定要"24小时随时供应烤羊肉"给他——此事直到今天依然让我忍俊不禁。然而在这种随心所欲的氛围之下，一种恐慌之情却逐渐蔓延开来。托尼的音乐语言跟我们完全不在一个频道：他更喜欢用大量技术化的专业词汇，而非着眼于歌曲本身；另外，我们似乎自始至终都在往不同的方向用力——他试图将我们往那种轻快、摩登、以律动节奏打底的流行乐方向带，我们却太墨守成规，给不了他适当的回应，结果导致所有的想法都似一盘散沙，无法融为一体。说句公道话，唱片公司委派给托尼的任务大概是要他想办法拓宽乐队的风格，将我们拉向全新的疆域，但在我看来，山羊皮属于那种循序渐进走自己的路的乐队，如果硬要把它套进那件陌生的衣装，难免会给人一丝中年人扮嫩的印象。一回想起我们曾那么心急火燎地要推翻自己的毕生成就，我就感到难以置信的悲哀。那个时候，我们似乎为自己过去的所作所为感到羞耻，以至于扭扭捏捏想要与之划清界限，就好像一个别扭的小孩试图逃脱祖母让人窒息的掌控。我们的抵触情绪强烈到了矫枉过正的地步，结果掀起了一场自我毁灭运动：为了让歌迷大吃一惊，也为了让自己改头换面、重获新生，一批矫揉造作、无病呻吟的歌应运而生，比如《积极性》(*Positivity*)。我还记得在伦敦一间排练室为那首歌填词时的情景，我内心充满了一种咄咄逼人的冲动，一种莫名其妙的逆反心理，明白被我简单地划为典型山羊皮歌迷的群体肯定会反感此曲的感伤情绪，它传达的价值观在我看来也与山羊皮正统作品的道德观念截然相反。我们变得异常钻牛角尖，每做出一个判断前都会自问一句"山羊皮会怎么做？"，然后偏要反其道而行，也不管这样做出的决定究竟是对是错。我们仿佛流落于满是镜子的荒野，努力在惑乱人心的重重倒影之间窥到一条正确的出路。就这样，我们绕着原地转了一圈又一圈，渐渐走向穷途末路；此外，以录音室为家的生活过得散漫又没有约束，也无人监督，常常让人陷入过度防御的异常心态无法自拔。于是累赘的鸡肋曲一首接一首被拼凑出来，被我们毁掉，比如《无题》(*Untitled*)和《当雨降下》(*When The Rain Falls*)之类多愁善感的原声歌曲。我们罔顾它们的本意，强行将它们带偏，在无须合成器之处加入合成器，在不必多此一举之处加入鼓机，着了魔似的要给那些歌营造所谓的现代感，俨然一位可悲的父亲企图打扮成他儿子的样子。直到我们满心纠结地上了M23号公路回去，冷静下来监听混音的时候，方才意识到全盘皆乱，然后一个事实清楚地浮现在所有人面前：我们彻底搞砸了。

我们采取了一个让人晕头转向的极端做法：推倒重来。然后，我们在联排屋录音室重新集结，并雇了一位可靠的行家里手斯蒂芬·斯特里特（Stephen Street）来引导乐队回归正常的轨道。自不待言，史密斯乐队早期的大部分唱片都是与斯蒂芬合作完成，它们是我童年密不可分的组成部分，因此与他联手对我来说在很多方面都是一次激动人心的难忘经历。他的过往成就有目共睹，无须赘言，我也非常欣赏他清晰的思路、积极进取的态度，这样的品质极其能调动人的积极性。然而从某些方面而言，他跟我们的合作时机又让人遗憾，恰恰碰上了我们音乐生涯的低谷，想必这张专辑的失败也断绝了进一步合作的可能。到了这个时候，我们或许都已对那些歌望而生厌了，就连能工巧匠如斯蒂芬也无法在我们身上调动起无论何时都不可或缺的忘我激情，所以我们只是义务性地把相同的歌重新编排出第二版——有些歌已是第三或第四版——整个过程的沉闷无趣恐怕是渗进了最终的录音室版本里。每次评价那张专辑时，我总不免感到一丝遗憾，因为我们竟然重蹈覆辙，将那一时期真正的珠玉——《西蒙》（Simon）、《便宜》和《海洋》——束之高阁，又莫名其妙地决定把一些乏味得让人听不下去的鸡肋曲收进专辑，比如《给身体一击》（One Hit To The Body），像这样的歌放在早期甚至不会被考虑用作B面曲，但此时的我们不仅眼光变钝了，洞察力更是被彻底蒙蔽。以自以为是的后见之明来看，我震惊于像《西蒙》这样的歌居然没能在专辑中占据一席之地。《西蒙》可谓我们在那一阶段的压轴之作，尽管从质量、野心、规模三方面而言，它都被构想为一首过渡作品，但是，如果说最后入选的曲目大部分都是发育不良的小幼崽，那么它就是一头画风迥异的猛兽。想必在我们眼里，它内在的巴洛克式宏大感太接近《狗·人·星》的声音世界了，而后者正是我们急于摆脱的东西。可悲的是，当时我们虽然自以为了解自己不想要什么，但对于自己想要什么，我并不觉得我们有半点头绪。如今回想起来，我时常会觉得那张专辑失败的原因在于失策，而非失去创造力：我们任由宣言主宰了形式，用劣曲驱逐了良曲，只因前者更契合我们给专辑预设的议题。每次我们推出新专辑，无声的恐慌总是会一阵一阵地出现，蚕食着我们和我们身边的人，扭曲了所有人的判断力。在这样的时刻，我们很容易就会丧失勇气，害怕让相对复杂纤细的素材发声，转而决定让更公式化的歌曲上位——单曲、声音饱满的摇滚乐，以及过去我们屡试不爽的那些类型。不幸的是，和以往的专辑比起来，《崭新的早晨》(*A New Morning*)里符合此类型的歌曲显然要逊色得多，只有极少数的几首例外。这就意味着水准偏低的噪歌譬如《街头生活》(*Streetlife*)挤走了《便宜》这样缠绵悱恻的情歌。另外，我在音乐方面不断横加干涉，却没有任何人来监督我，我想这一点也实实在在地削弱了我们的作品。说白了，我为《头脑音乐》和《崭新的早晨》写的歌差了点火候，比不上我跟伯纳德、理查德和尼尔合写的歌曲那样融旋律与张力于一体。我还不懂后来人们所说的"山羊皮和弦"的重要性——它在我们最好的作品里随处可见，制造了许多出乎意料、突兀刺耳的戏剧性时刻。我的和弦序进则恰恰相反，趋于平淡，过于简单，常常只是不温不火地跟着叙事和主旋律线伴奏而已。

　　不过这张专辑里也有两个让我至今依然为之自豪的片段：一首是狂飙突进的吉他摇滚曲《着迷》（*Obsessions*），属于理查德众多失落的杰作之一，我对它的评价是格什温[1]《他们无法从我身边带走它》（*They Can't Take That Away From Me*）的现代化翻版；另一首是马特作为联合创作者贡献的又一个绝无仅有的高光时刻，即充满反思的《迷失于电视》（*Lost In TV*），此曲延续了《狗·人·星》中的某些主题——虚掷于电视节目与虚构角色的破碎生活。然而这也于事无补了，一切都已成定局。等到我们终于东拼西凑地了结了专辑的收尾工作之后，每个人都被这次艰难的生产弄得心力交瘁，丧失了全部激情，全身精力也都被一种名为"歌曲疲劳"的现象给榨干——所谓"歌曲疲劳"就是当我们对自己的音乐太过熟悉的时候，音乐本身就失去了一切意义，好比你一遍又一遍地重复念同一个词，最后会发现自己再也无法正常地听懂它的意思。以后见之明来看，《崭新的早晨》是一张永远都不该发行的专辑。事实上，索尔曾对它表达过强烈的疑虑，但彼时他的影响力已大不如前，因为裸体唱片已经倒在了1990年代残余的宿醉里，我们被签给了史诗唱片（Epic Records），他的角色也降格成了所谓的"顾问"。我多希望那时候我们能有勇气停下来，喘一口气，三思而后行，可现实却恰好相反，我们给自己戴上了不堪一击的乐观主义面具，硬着头皮冲上去迎合那无

1　乔治·格什温（George Gershwin, 1898—1937），原名雅各布·格肖维茨（Jacob Gershowitz），美国著名作曲家，写过众多流行金曲和数十部歌舞剧和音乐剧，风格横跨古典和现代音乐，对后来的美国流行乐影响深远。

时不在的需要：制造"势头"——音乐产业的一个行话，表达了一种盲目的恐慌，感染了它的人无不行情看涨，变得只见眼前利益，一时失去理智。除此之外，在这个节骨眼上我们已经砸了太多的钱，不断重录、费尽周折才将专辑孕育出来，如若不发，后果我们承受不了，毕竟山羊皮有限公司要靠巡演收入以及发行唱片带来的一系列其他资金收益来维持运转。毫无疑问，让商业决策压倒作品的纯粹性是我们犯下的一个致命错误，我也因此发誓永不再犯，但很遗憾，说句不留情面的实话，或许当时我们只是不够用心而已。

　　经过上一章的高潮迭起之后，最后这一部分的内容难免让人感觉流于琐屑、无关紧要。必须承认这是我的音乐生涯中最不值得自豪的篇章，即便是背景故事也显得单薄而无足轻重，一个跌宕起伏的故事就这样奇怪地走向了毫不相称的暗淡终曲。由于专辑里让我引以为傲的歌曲寥寥无几，所以似乎没必要事无巨细地把所有歌都追溯一遍，那么做感觉有点蠢，我想它们也不值得被如此严肃对待。从很多方面来说，我都唯愿我们从未做过这张专辑。就连它的装帧也只是一张简简单单、毫无特点的标识图片，跟我们在过去十年精心构建的视觉叙事感觉一点也不搭调。我们昔日的唱片封面曾引爆了山羊皮关于肉欲与悲伤、隐隐透着危险的边缘主题，而《崭新的早晨》的封套却毫无灵魂、空洞无物，有种怪异的商业流水线之感，没有一点真实的个性或人性的内涵，奇怪的是，它或许也恰如其分地反映了它所包装的绝大部分歌曲。这张专辑现在听起来固然不伦不类，但在它上市的时候，我还对自己真实的看法一无所知，所以我们被绞进了无休止转动的功利性齿轮，怀着盲目的信心——发唱片时你常常需要大胆地，有时甚至要傻傻地去相信——将其带到这个世上，就好像放手让一个孩子走上车水马龙的大街。

唯有爱能活得比我们更久远

　　我们步履沉重地走进《格拉汉姆·诺顿秀》[1]的后台更衣室，往毛茸茸的雪尼尔沙发里重重地坐了下去，气氛一片肃静，空气开始凝固。我们刚刚手舞足蹈地演完了一场哑剧——对口型的电视演出，都有点出汗，所以乐队成员有的抱着冰凉的啤酒瓶，有的手握翻着气泡的波纹塑料品脱杯，闷闷不乐地啜饮着各自的饮品。就在这个时候，我开了口。我的声音随着整个空间崩坏的情绪颤抖不已，此情此景跟房间让人提不起兴致的俗丽背景形成了奇异的对照。为了这一刻，我已经预演了超过一年之久。我目睹了乐队屈辱狼狈的衰落，眼见它从一头心高气傲的猛兽摔成了疲软无力的残废，现在是时候将它从这悲惨境地里解脱出来了。我们亏欠它一份尊重，应当还它最后的尊严。终于，心里的话从我嘴里找到了出路："我没法再继续下去了，"我的声音传到自己耳

1　*The Graham Norton Show*，BBC 的一档喜剧类谈话节目，首播于 2007 年，此处作者记忆疑有误，乐队参加的应该是由格拉汉姆·诺顿主持的 *V Graham Norton*。

朵里，听起来很陌生，高飘而颤抖，"山羊皮到此为止吧。"就像几年前尼尔向我宣布他的决定时一样，乐队大概也立刻就从我有气无力的声调里听出了我的严肃与郑重，他们明白此事已没有任何讨论的余地了。我甚至都不记得除此之外我还有多说什么，或许他们早就预见了这一刻的到来，或许他们也怀有同感。我想，纵使我们的人生会因此遭遇动荡，面临踏入未知世界的艰险与恐惧，但在内心深处我们都明白这是最善之举。我们都知道，该做正确的事了。

在此之前我们勉强坚持了一阵子，照常去乐队该去的地方，做乐队该做的事，但在我从不曾于公众面前摘下的面具后面，我的内心却时时刻刻都在与这个无比纠结的问题缠斗。多年来，乐队对我而言就像一个活生生的人：我养育了它，看着它长大，喂给它食物和爱，并将我人生中最好的年华都献给了它；而正如一个好孩子，它也对我涌泉相报，反过来见证了我的成长，若是没有它的存在，我甚至都无法想象我的人生会是怎样一番迥异的光景。无论是对山羊皮，还是对山羊皮的队友，我都自觉负有一份巨大的责任，我知道他们的生活将会因为我的决定而天翻地覆，但另一方面，我想他们也懂得一个道理：乐队远非稳定生活的避风港。乐队必须去四处潜行狩猎，去咆哮，发起攻击；乐队不仅要创造惊喜，还要制造惊吓。倘若做不到这些，乐队就不再享有给予保护的权利。在新专辑宣传巡演的收官阶段，我们在当代艺术中心（Institute of Contemporary Arts）举办了几场演唱会，了却了我的一桩心愿，即重温山羊皮出道以来的每一张唱片，追忆总结我们一起度过的时光——因为在我看来，这算是一个意义非凡的告别仪式。在《来了》那场演出中，当我们奏起《周六夜晚》之时，强烈的感情忽然如潮水般将我淹没，我一下子就被带回早年那段赤诚相待的美好时光。唱到第二段主歌时，我再也压抑不住自己的情绪，哭了起来。就这样，我们跌宕起伏、惊心动魄的旅程历尽所有的曲折——经过了炫目的高潮、绝望的低谷、死气沉沉的停滞、激情燃烧、摸爬滚打、野蛮绽放之后——终于来到了所有乐队都注定会抵达的终点。命运之必然令人绝望之处莫过于此：你自以为可以免受它的摆布，笃定自己有常识能规避老套的陷阱，所以当你身不由已地栽了跟头，跌进宿命的坑里时，痛苦就会加倍而至。那感觉就好像有某种事物或是某个人在暗中捉弄你，就好像你的失败仅仅是一个老掉牙剧本的俗套桥段，而你的剧情远非独一无二，只不过是步了所有人的后尘：少年得志，在昙花一现的成功之后，终尝似曾相识的失败苦果。可悲的是，每支乐队的职业轨迹似乎都循着同一条抛物线，都要经过沿途冷酷标识着的"苦路十四处"[1]——奋斗、成功、放纵、瓦解，以及可遇而不可求的觉悟。我们纵然充满野心、自命不凡，终究还是没什么不同。现在我们的时代结束了，一如过去的一千支乐队，大概也如同未来的一千支乐队：我们抄了同一条不幸的快车道，然后在四处碰壁、在幻灭与苦楚中走向终焉。

---

1 "苦路"（又称"十字架路"）是指天主教为缅怀耶稣受难而设置的朝圣路线，一般设在天主教教堂、修道院、墓地或通往教堂、修道院或圣地的道路和山脚上。"苦路"沿途设有反映耶稣受难全过程的14处景点，每一处都立有十字架并配有相关图画及塑像供朝拜者停下默祷。

　　经过数页的悲伤旅程之后，现在可能到了最让我伤感的时刻。作为一支曾在太多人生命里留下了太多意义的乐队，它的命运若是终结于黯然神伤的无声散场，在某种意义上比闹得臭名远扬、同归于尽的大爆炸来得更残酷。对于一场精彩绝伦的旅行来说，这样的结局是可鄙的，就像是一场狂野的飙车突然哑了火，突兀收场。然而当我深入反思这趟旅程的轨迹及其消了音的终曲时，我忽然明白若非如此，乐队恐怕就不会在接下来的十年里死而复生然后卷土重来，往前倒数几年的那场体面的告别演出可能永远也不会存在。有时候，定义我们的并不是闪闪发光的瞬间，而是光芒来临前的晦暗时刻。

拉下百叶窗的午后

[英] 布雷特·安德森 著

王知夏 译

图书在版编目（CIP）数据

拉下百叶窗的午后 / （英）布雷特·安德森著；王知夏译. — 北京：北京联合出版公司，2021.9（2023.8 重印）
ISBN 978-7-5596-5378-9

Ⅰ.①拉… Ⅱ.①布…②王… Ⅲ.①布雷特·安德森—回忆录 Ⅳ.① K835.615.76

中国版本图书馆 CIP 数据核字 (2021) 第 123242 号

AFTERNOONS WITH THE BLINDS DRAWN

BY BRETT ANDERSON

北京市版权局著作权合同登记号 图字：01-2021-2381 号

出 品 人	赵红仕
选题策划	联合天际·文艺生活工作室
责任编辑	龚　将
特约编辑	徐立子
美术编辑	程　阁
封面设计	@broussaille 私制

关注未读好书

出　　版	北京联合出版公司 北京市西城区德外大街 83 号楼 9 层　100088
发　　行	未读（天津）文化传媒有限公司
印　　刷	天津联城印刷有限公司
经　　销	新华书店
字　　数	170 千字
开　　本	880 毫米 ×1230 毫米 1/32　8 印张
版　　次	2021 年 9 月第 1 版　2023 年 8 月第 2 次印刷
I S B N	978-7-5596-5378-9
定　　价	78.00 元

客服咨询